# LA VOIX
# DES ANIMAUX

Textes choisis et présentés
Par Adrien Abelli

Tous les bonheurs du monde
Viennent de la recherche du bonheur d'autrui
Toutes les souffrances du monde
Viennent de la recherche de son propre bonheur
**SHANTIDEVA**

© Adrien Abelli, 2024
Édition : BoD · Books on Demand GmbH,
In de Tarpen 42, 22848 Norderstedt (Allemagne)
Impression : Libri Plureos GmbH, Friedensallee 273,
22763 Hamburg (Allemagne)
ISBN : 978-2-3225-3717-4
Dépôt légal : Novembre 2024

## AVANT-PROPOS

Vous connaissiez Léonard de Vinci, Einstein, Victor Hugo comme des génies mais connaissiez-vous également leur engagement pour *le droit des autres Animaux*?

De Pythagore à Tolstoï, de Porphyre à Lamartine, de Saint-François d'Assise à Darwin, de Voltaire à Marguerite Yourcenar, de Montaigne à Louise Michel, de Zola à Gandhi, de Nietzsche à Mère Teresa...
À travers leurs citations, leurs aphorismes, leurs contes, leurs poèmes et leurs adages, nous découvrirons la responsabilité universelle de compassion et de justice des siècles au service de tous les êtres.

Partout où il y a des êtres innocents exploités, bafoués, niés... il y a des voix qui s'élèvent, des coeurs qui s'ouvrent et des mains qui se tendent.

## PRÉFACE DE MATTHIEU RICARD

Le livre de ***La voix des Animaux***, dans lequel Adrien Abelli a recueilli un ensemble remarquable, à la fois inspirant et percutant, de 450 citations de grands penseurs de tous les temps, montre avec force et une grande limpidité que, tout au long de notre histoire, de nombreuses voix nous ont exhorté à faire preuve de davantage de bienveillance à l'égard des «autres» êtres sensibles, les huit millions d'espèces du règne animal. Aussi intelligents et remarquables à bien des égards que soient les humains, ils n'ont pas été parachutés sur terre en provenance d'un univers parallèle et ne sont pas tombés du ciel. Dix-huit espèces d'hominidés ont précédé l'*homo sapiens* et notre ancêtre commun avec les grands singes ne remonte qu'à 5 millions d'années, une bagatelle si l'on songe que la vie est apparue sur terre il y a 4 milliards d'années.

Dans tous les cas, il est clair aujourd'hui, comme l'a souligné un aréopage d'éminents scientifiques dans la «*Déclaration de Cambridge sur la conscience animale.*», nombre d'espèces dont le système nerveux et le cerveau ont acquis au cours de l'évolution un degré de complexité suffisant ont bel et bien une conscience, et la quasi-totalité d'entre eux sont des êtres sensibles capables de distinguer la souffrance du bien-être, ce qui leur nuit et ce qui favorise leur survie. On peut comprendre que l'on choisisse un être humain pour être professeur d'Université, mais lorsqu'il s'agit de recevoir un coup de couteau dans le ventre, il n'y a guère de différence entre une chèvre et un être humain, du point de vue de l'intensité de la souffrance et du désir désespéré de rester en vie.

À l'époque des chasseurs-cueilleurs — qui représente 99% de l'histoire de l'humanité —, les humains considéraient les animaux comme différents et non comme inférieurs. Il m'est arrivé de me trouver, seul, à proximité d'un tigre rugissant en liberté au crépuscule au Népal, et je dois avouer que je ne ressentais aucun sentiment de supériorité à l'égard de celui qui aurait pu me dévorer en quelques minutes!

Il y a un peu plus de 10 000 ans, en raison d'une nouvelle ère climatique particulièrement stable, l'holocène, les populations humaines ont commencé à se sédentariser; elles ont entrepris de cultiver la terre et d'élever des animaux domestiques pour les utiliser ou les consommer. C'est à peu près à la même époque que l'esclavage est apparu en Asie Mineure. Lorsqu'on instrumentalise d'autres espèces, réduisant ainsi au silence notre sensibilité et notre compassion, il n'y a qu'un pas pour faire de même avec d'autres êtres humains que nous considérons d'une façon ou d'une autre comme inférieurs. Comme le dit Marguerite Yourcenar, citée dans le présent ouvrage: *« Si la cruauté humaine s'est tant exercée contre l'homme, c'est trop souvent qu'elle s'était fait la main sur les animaux. »*

La dévalorisation de l'autre est l'un des principaux facteurs qui permettent de commettre des actes de barbarie et de maltraiter en masse d'autres êtres sensibles. Une telle dévalorisation a toujours précédé les persécutions, massacres de masse et génocides. Pour ce faire, on a souvent «animalisé» d'autres groupes humains, les traitant de vermines, de rats, de pestes et d'autres épithètes. Quant aux animaux, on les dévalorise en les considérant comme des choses, des objets de consommation, des machines à faire des saucisses ou à fabriquer des œufs. Ne l'oublions pas: jusque récemment, le Code civil français classait les animaux domestiques comme des « biens meubles » - un mouton n'était guère plus qu'un tabouret qui se déplace de lui-même.

Depuis quelques siècles nous avons fait d'immenses progrès de civilisation: l'esclavage et la torture ont été abolis, officiellement du moins. La Déclaration universelle des droits de l'homme a été promulguée. Bientôt peut-être une Déclaration universelle des droits de l'humanité, qui inclut les générations à venir, sera, elle aussi, adoptée. Bien qu'il reste beaucoup à faire, le droit des femmes et des enfants et leur situation se sont améliorés dans nombre de pays. Mais il subsiste encore une incohérence majeure dans notre vision éthique: la manière dont nous traitons les autres espèces. Nous avons du mal à accepter le fait qu'elles ont une conscience et que ce sont des êtres sensibles que nous instrumentalisant sans limites pour la simple raison que nous sommes capables d'exercer le droit du plus fort. La plupart d'entre nous pensent qu'il est immoral et injuste d'infliger des souffrances inutiles à d'autres êtres sensibles. Or la vaste majorité des souffrances que nous infligeons aujourd'hui aux animaux ne sont nullement indispensables à la survie de l'être humain, bien au contraire.

De fait, tout le monde y perd:

\_ Les animaux en premier: on estime à 110 milliards le nombre d'*homo sapiens* qui ont vécu sur terre depuis que notre espèce existe. Or, c'est le nombre d'animaux que nous tuons tous les deux mois, comme si de rien n'était, pour nos soi-disant « besoins ». En gros nous sommes tout et ils ne sont rien. Comme l'écrivait Victor Hugo, cité dans le présent ouvrage: *« Il n'y a pas d'enfer pour les animaux, ils y sont déjà. »*

\_ Les humains souffrant de la pauvreté et de la faim: près d'un milliard de tonnes de céréales est envoyé d'Amérique du Sud et d'Afrique vers les pays du nord pour la production industrielle de viande, des céréales qui pourraient nourrir un milliard de personnes nécessiteuses dans les pays qui les ont produits.

\_ La santé humaine: un rapport de l'OMS qui synthétise plus de 400 travaux de recherche a conclu que la consommation régulière de viande avait plus d'effets néfastes sur la santé que d'avantages.

\_ La crise climatique: l'élevage industriel est à la 1ère place des causes d'émission de gaz à effet de serre (15%).

*Pour mieux combattre l'injustice à l'égard des huit millions d'espèces avec qui nous partageons notre planète et pour que nous manifestions davantage de bienveillance envers tous les êtres sensibles, quels qu'ils soient, le livre de* **La voix des Animaux** *constitue un véritable trésor dans lequel nous pouvons puiser à chaque instant.*

# TABLE DES MATIÈRES

Avant-propos .................................................. 5
Préface de Matthieu Ricard ........................... 6
Table des matières ....................................... 10

I. De l'Origine des Choses ........................... 12

II. Un jour les autres Animaux se mirent à parler ........................................................... 20

III. De l'Interdépendance et de l'Unité ............ 24

IV. De la Cruauté et de la Souffrance ............ 33

V. Différents mais fort Semblables ................ 46

VI. De l'Indifférence et de la négation d'Autrui-Animal ........................................................ 60

VII. De la Nécessité ou de l'Absence de Nécessité ................................................................ 70

VIII. Travailler sur les Causes des Causes ................................................................ 79

IX. De la Compassion et de la Douceur ......... 90

X. De la Justice et de l'Action ..................... 105

XI. De la Responsabilité Universelle de l'Education .................................................. 124

**XII. Harmonie du Corps et de l'Esprit** ............ 143

**XIII. De l'Ignorance et de la Violence** ............ 151

**XIV. Du Monde d'Amour Véritable** ............ 161

**Index** ............................................................ 166
**Après-propos** .................................................. 186
**Notes** ............................................................ 188
**Remerciements** ............................................... 190

# I. De l'Origine des Choses

Dieu dit :
« Je vous donne toutes les herbes portant semence, qui sont sur toute la surface de la terre, et tous les arbres qui ont des fruits portant semence : ce sera votre nourriture. Et aux animaux sauvages, à tous les oiseaux du ciel, à tout ce qui se meut sur la terre et possède un principe de vie, j'assigne toute verdure végétale pour nourriture.»
Et il en fut ainsi.

**LA BIBLE**

Tous les récits de voyageurs concordent : il fut un temps où les lamantins, les phoques, les pingouins, les manchots, les baleines aimaient la compagnie de l'homme.

**JULES MICHELET**

Dans l'origine, les hommes, contents d'une nourriture frugale, ne chagrinaient point les bêtes. Le sang des taureaux ne coulait point sur l'autel, et l'on regardait comme un très grand crime de priver quelconque être de sa vie.

**PORPHYRE**

Pour eux, il n'y avait pas encore un dieu Arès, ni Tumulte, ni Zeus, ni Chronos, ni Poséidon, mais Cypris reine. C'est à elle qu'ils consacraient des rites propitiatoires avec des animaux peints et des parfums, par des offrandes de pure myrrhe et d'encens parfumé ; l'autel n'était pas encore souillé du sang pur des taureaux, car cela était considéré comme une terrible honte que d'en manger les nobles membres, après leur avoir arraché la vie.

**EMPÉDOCLE**

La consommation de viande a commencé après le déluge. Cette dernière était inconnue jusqu'au déluge, mais après celui-ci, on a mis dans la bouche des hommes les fibres et les jus nauséabonds de la chair animale, tout comme dans le désert on a jeté des cailles au peuple mécontent et révolté. Jésus-Christ, qui est apparu lorsque le temps en fût venu, a uni à nouveau la fin au commencement, afin que nous ne consommions plus de chair animale.

**SAINT-JÉROME DE BETHLÉEM**

Il fut demandé à Jésus :
« Moïse, le plus grand homme d'Israël, acceptait que nos ancêtres mangent de la viande d'animaux propres et n'interdisait que la viande d'animaux qui n'étaient pas propres. Alors pourquoi interdis-tu la viande de tous les animaux ? Quelle est la loi de Dieu : celle de Moïse ou la tienne ? »
A cette question, Jésus répondit :
« Dieu a ordonné à vos ancêtres : « *Tu ne tueras point.*» Mais leur cœur était endurci et ils ont tué. Alors Moïse a souhaité qu'au moins ils ne tuent pas d'hommes, et il a accepté qu'ils tuent des animaux. Alors le cœur de vos ancêtres s'est endurci encore davantage et ils ont tué aussi bien des hommes que des animaux. Mais je vous le dis : « *Ne tuez ni hommes ni animaux.*»

**ÉVANGILE ESSÉNIEN**

Nous commencerons par parler de quelques peuples qui se sont abstenus de la nourriture des animaux. Les Grecs seront les premiers, parce que nous connaissons mieux ceux qui nous ont appris leurs usages. Dicéarque le Péripatéticien, qui est un de ceux qui a fait l'abrégé le plus exact des mœurs des Grecs, assure que les anciens qui étaient plus près des Dieux que nous, étaient aussi meilleurs que nous, qu'ils travaillaient à se rendre parfaits, de sorte qu'on les regarde comme faisant l'âge d'or, comparés aux hommes d'à présent, qui sont formés d'une matière corrompue. Ils ne tuaient rien d'animé. C'est pour cela que les poètes ont appelé ce siècle l'âge d'or. La terre d'elle-même leur produisait des fruits en abondance. Tranquilles et menant une vie pacifique, ils travaillaient avec leurs compagnons qui étaient tous gens de bien. La terre produisait sans être cultivée. Les hommes n'étaient point obligés d'user de précaution pour se procurer des vivres. Les Arts étaient inconnus, et on ne savait encore ce que c'était que labourer la terre. Il arrivait de là que les hommes menaient une vie tranquille, sans travail, sans inquiétude, et même sans maladie, s'il faut s'en rapporter ce que disent les plus habiles médecins. Car, quelle meilleure recette pour la santé que d'éviter les plénitudes auxquelles ils n'étaient nullement sujets, n'usant jamais que des aliments moins forts que leur nature, toujours avec modération malgré l'abondance, comme s'ils en avaient eu disette ? C'est pourquoi l'on ne voyait chez eux ni guerre, ni sédition. Il n'y avait aucune raison qui pût occasionner chez eux des différents de sorte que toute leur vie se passait dans le repos et dans la tranquillité. Ils se portaient bien, ils vivaient en paix, et s'aimaient.
Leurs descendants étant devenus ambitieux,

éprouvèrent de grands malheurs, et regrettèrent avec raison le genre de vie de leurs ancêtres. Le proverbe, « Assez de glands », qui fut en usage dans la suite, prouve la frugalité des premiers temps, et la facilité de se procurer des vivres ; car il y a apparence que c'est celui qui a donné l'origine à ce proverbe, qui a changé la première façon de vivre.
Vint ensuite la vie pastorale, pendant laquelle on fit plus d'acquisitions que l'on n'avait de besoins ; et l'on toucha aux animaux. On remarqua qu'il y en avait qui ne faisaient point de mal, que d'autres étaient méchants et dangereux. On chercha à apprivoiser les premiers et à se défaire des autres. Ce fut pendant ce siècle que la guerre s'introduisit chez les hommes. Ce n'est pas moi qui avance ces faits : on peut les voir dans les Historiens. Il y avait déjà des richesses, dont on faisait beaucoup d'estime ; on cherchait à se les enlever, et pour y réussir on s'attroupait. Les uns attaquaient, et les autres se défendaient, pour conserver ce qu'ils avaient. Peu de temps après les hommes faisant réflexion sur ce qu'ils croyaient être de leur utilité, en vinrent au troisième genre de vie, c'est-à-dire, l'agriculture.

**PORPHYRE**


Il paraît qu'autrefois nous étions civilisés et instruits : nous savions parler aux arbres et à toutes les plantes, aux peuples ailés, aux quadrupèdes, aux êtres rampants, aux mammifères et au peuple des poissons.

**HEHAKA SAPA**


Je placerai cependant ici, en forme d'introduction, les vers d'Empédocle. Ils renferment une allégorie dont le but est de montrer que nos âmes ne sont attachées à des corps mortels qu'en punition des meurtres qu'elles ont commis sur les animaux dont elles ont dévoré les chairs.

Cette doctrine est même plus ancienne qu'Empédocle. L'audace des Titans, qui osèrent mettre en pièces Bacchus et se nourrir de ses chairs, et que Jupiter punit en les frappant de la foudre, est une allégorie dont le sens caché se rapporte à sa seconde naissance; car la faculté irraisonnable de notre âme, qui, livrée au désordre et à la violence, est l'ouvrage, non de Dieu, mais du démon, fut appelée Titan par les anciens, et c'est elle qui est punie de nos crimes.

**PLUTARQUE**

*Pour Socrate et Glaucon, la cité saine et juste, et qui empêche la guerre est végétalienne\*:*

Examinons donc en premier lieu de quelle façon vivront les hommes. Ils se nourriront en préparant de la farine à partir de l'orge, et de la farine fine à partir du blé, cuisant l'une, pétrissant l'autre, disposant de braves galettes et du pain sur du roseau ou sur des feuilles propres ; s'allongeant sur des couches jonchées de smilax et de myrte, ils feront de bons repas, eux-mêmes et leurs enfants, buvant ensuite du vin, la tête couronnée et chantant des hymnes aux dieux ; ils s'uniront agréablement les uns avec les autres, ne faisant pas d'enfants au-delà de ce que permettent leurs ressources, pour se préserver de la pénurie et de la guerre. Nous trouverons même le moyen de leur servir des friandises faites avec des figues, des pois chiches et des fèves, et ils se feront griller au feu des fruits du myrte et du chêne, tout en buvant modérément Passant ainsi leur vie en paix et en bonne santé, et décédant sans doute à un grand âge, ils transmettront a leurs descendants une vie semblable à la leur.

**PLATON**


*Zoroastre fera du robuste ruminant l'image du travail fécondateur. Son humanité s'étendra même sur les loups, et il défendra qu'on les immole en sacrifice au dieu du néant.*

On racontait que sa mère prénommé Dogdan, avait été fécondée par un pur rayon de lumière céleste. A sa naissance, le futur prophète, au lieu de pleurer et de gémir comme les enfants ordinaires, s'épanouit dans un rire de victoire ! Les mages arimaniens se réunirent pour examiner ce phénomène, et leur sombre science reconnut que le nouveau né serait le plus redoutable adversaire de leur dieu. Ils voulurent donc tuer le jeune Zoroastre. Mais quand le chef des mages leva son couteau d'or sur la gorge du bébé sans défence, il sentit sa main se sécher comme du bois mort. Un tel miracle n'arrêta pas pour autant la détermination des prêtres. Ils jetèrent l'enfant sous le sabot des taureaux sauvages. Mais, avant qu'ils puissent lui causer le moindre dommage, un énorme et magnifique taureau surgit, d'une force prodigieuse, il chassa la harde. Les mages livrèrent alors l'enfant à la férocité des loups en l'abandonnant dans la fôret sauvage. Les loups au lieu de le dévorer allèrent chercher une étincelante louve qui allaita le merveilleux bambin. Sauvé par le taureau et sauvé par les loups, Zoroastre, devenu grand, à son tour les sauva.

**FRANÇOIS BROUSSE**

J'aurais voulu visiter le fameux sanctuaire d'Atesh-Gâh ; là brûle le feu éternel, entretenu depuis des centaines d'années par des prêtres parsis, venus de l'Inde, lesquels ne mangent jamais de nourriture animale.

**JULES VERNE**

*En parlant des prêtres syriens :*
Autrefois l'on ne sacrifiait rien d'animé aux Dieux. Il n'y avait aucune Loi à ce sujet, parce que ces sacrifices étaient censés être défendus par la Loi naturelle. On prétend que la première victime qui fut sacrifiée, ce fut à l'occasion d'une âme que l'on demandait pour une âme. L'hostie fut consumée entièrement. Il arriva dans la suite qu'un jour que la victime brûlait, un morceau de la chair tomba à terre : le prêtre le ramassa, et s'étant brûlé, il mit sans y penser les doigts dans sa bouche, pour apaiser la douleur ; le goût de la viande lui fit plaisir : il en mangea, et en donna à sa femme ; ce qui étant venu à la connaissance de Pygmalion, il fit précipiter du haut d'un rocher le prêtre avec la prêtresse, et nomma un autre prêtre, qui peu de temps après en faisant le même sacrifice, mangea aussi de la chair, et fut puni de même. Dans la suite, ces sacrifices continuant d'être en usage et les prêtres ne résistant point à la tentation de manger de la viande, on cessa de les punir.

**PORPHYRE**

## II. Un jour les autres Animaux se mirent à parler

*Le conseil des animaux parle :*
En paix et en sécurité sur nos propres terres, nous étions tout occupés à vivre ensemble et à nourrir nos petits avec la bonne nourriture et l'eau que Dieu nous a octroyé. Puis Adam devint vice roi sur terre et ses descendants se multiplièrent. Alors, au sein de notre communauté, ils ont capturé nos frères et soeurs moutons, vaches, chevaux, ânes et mules comme ils les appellent. Ils nous ont asservis, nous obligeant avec grande cruauté à labourer le sol, tirer l'eau des puits, faire tourner les moulins, acheminer les marchandises... Celui ou celle d'entre nous qui tombait entre leurs mains était tué ; on lui ouvrait le ventre, on découpait sa chair, on broyait ses os, on énucléait ses yeux. Puis, on nous faisait rôtir à la broche, en nous soumettant à pires tortures encore que l'on ne saurait dire... Malgré ces cruautés, les fils d'Adam proclament que c'est leur droit inviolable, qu'ils sont nos maîtres et que nous sommes leurs esclaves... sans aucune preuve ni autre explication que la force brute.

**IKHWAN AL-SAFA**


Les yeux d'un animal ont le pouvoir de parler un langage extraordinaire.

**MARTIN BUBER**


*Plaidoyer fait au parlement des oiseaux, aux chambres assemblées, un animal accuse un homme :*
L'Homme se rue sur nous, pour nous manger : il fait croire que nous n'avons été fait que pour lui ; il se prend, pour argument de sa supériorité prétendue, la barbarie avec laquelle il nous massacre et le peu de

résistance qu'il trouve à forcer notre faiblesse. Il s'attribue tout joliment sur nous le droit de vie et de mort ; il nous dresse des embuscades, il nous enchaîne, il nous jette en prison, il nous égorge, il nous mange, et, de la puissance de tuer ceux qui sont demeurés libres, il fait un prix à la noblesse.

### SAVINIEN DE CYRANO DE BERGERAC

Interroge les bêtes, elles t'instruiront, les oiseaux du ciel, ils te l'apprendront, et les poissons de la mer te le raconteront. Qui ne reconnaît chez eux la preuve que la main de l'Éternel a fait toutes choses ?

### LA BIBLE

*Une coccinelle parle :*
Fils, apprends comme on me nomme
Dit l'insecte du ciel bleu
Les bêtes sont au bon Dieu
Mais la bêtise est à l'homme

### VICTOR HUGO

Je fais parler les animaux pour instruire les hommes.
### JEAN DE LAFONTAINE

Mais dites nous, Ô Hommes ! Nous vous prions de nous dire quels torts nous avons commis pour être ainsi déchus ? Quelles lois avons nous violées, ou quel est le motif, selon vous, par lequel vous pouvez prétendre à un droit d'envahir et de violer notre partie, ainsi que nos droits naturels, de nous assaillir et de nous détruire,

comme si nous étions les agresseurs, et rien de mieux que des voleurs, des brigands et des meurtriers, qu'il convient d'extirper de la création...
Cesse donc, O Homme ! Honte à toi, abandonne ta fierté, ainsi que ta vaine gloire, et ne te vante pas plus de ton savoir et de ta domination, et de ton autorité ; car en vérité tu es pauvre, et aveugle et faible, et sans défense, et misérablement ignorant ; enfonce donc toi dans l'humilité, et cesse la cruauté, d'abord envers ceux de ton genre, tu pourras alors venir voir et abhorrer l'erreur qu'il y a à oppresser les inférieurs ; car ceci est le moyen de retrouver ton honneur et ta dignité, de rétablir l'âge d'or, et cet état innocent, que par l'oppression, la cruauté et la violence tu as perdu.

**THOMAS TRYON**

*Un lion s'adressant à un homme :*
Toi-même as fait passer sous tes chétives dents
D'imbéciles dindons, des moutons innocents
Qui n'étaient pas formés pour être ta pâture
Ton débile estomac, honte de la nature
Ne pourrait seulement, sans l'art d'un cuisinier
Digérer un poulet

**VOLTAIRE**

Chaque espèce entend le langage de la sienne; et ce langage ne nous paraît qu'un simple son qui ne signifie rien que parce qu'il ne s'est encore trouvé aucun homme qui ait pu nous apprendre la langue des animaux, et nous servir d'interprète.

**PORPHYRE**

# III. De l'interdépendance et de l'Unité

Rien qui respire, qui existe, qui vit, ou qui a l'essence
ou le potentiel de la vie ne devrait être détruit ou dirigé,
ou subjugué, ou blessé, ou dénié de son essence ou son
potentiel. Pour renforcer cette vérité, je vous pose une
question:
« Est-ce que le désespoir ou la douleur sont quelque
chose de désirable pour vous ? Si vous répondez oui, ce
serait un mensonge. Si vous répondez non, vous
exprimez la vérité. Juste comme le désespoir et la
douleur ne sont pas désirables pour vous, il en est de
même pour tout ce qui respire.»
**ACARANGA SUTRA**

On pourrait reconnaître aisément cette vérité à peine
entrevue par le penseur, que, depuis l'huître jusqu' à
l'aigle, depuis le porc jusqu'au tigre, tous les animaux
sont dans l'homme.
**VICTOR HUGO**

Pourquoi l'homme tue-t-il des animaux ? Pourquoi
nuire à autrui ? Celui qui a pris conscience de son moi
spirituel constate: « Voici un être distinct. Il a tout
simplement revêtu un corps différent, mais le même
principe actif qui existe dans mon corps agit également
dans le sien. L'être devenu conscient de son moi
spirituel voit d'un œil égal tous les êtres vivants,
sachant que le principe actif "le moi" est présent non
seulement chez les êtres humains, mais également dans
les corps d'animaux, d'oiseaux, de poissons, d'insectes.»
**SRILA PRABHUPADA**

En apparence, la guerre entre les hommes est due à des questions économiques ou politiques, mais en réalité elle est le résultat de tout ce massacre que nous faisons des animaux. La loi de justice est implacable : elle oblige les humains à payer en versant autant de sang qu'ils en ont fait verser aux animaux. Que de millions de litres de sang répandus sur la terre qui crient vengeance vers le Ciel !

**OMRAAM MICKHAËL AÏVANHOV**

Cet homme, qui s'abstient de la viande, n'est jamais mis dans la crainte, ô roi, par aucune créature. Toutes les créatures demandent sa protection. Il ne provoque jamais aucune inquiétude pour les autres, et lui-même n'a jamais à devenir anxieux.

**BHISHMA**

Celui qui immole un bœuf est comme celui qui tuerait un homme. Celui qui sacrifie un agneau est comme celui qui romprait la nuque à un chien. Celui qui présente une offrande est comme celui qui répandrait du sang de porc. Celui qui brûle de l'encens est comme celui qui adorerait des idoles ; tous ceux-là se complaisent dans leurs voies, et leur âme trouve du plaisir dans leurs abominations. Moi aussi, je me complairai dans leur infortune et je ferai venir sur eux ce qui cause leur effroi. Parce que j'ai appelé et qu'ils n'ont point répondu; parce que j'ai parlé, et qu'ils n'ont point écouté. Ils ont fait ce qui est mal à mes yeux, et ils ont choisi ce qui me déplaît.

**LA BIBLE**

Pour la bonne œuvre donnée à chaque créature dotée d'un cœur sensible (les animaux), il y a une récompense.

**MAHOMET**

Pour ne pas devenir source de terreur, les bodhisattvas établis dans la bienveillance ne doivent pas manger de nourriture carnée. La viande est une nourriture pour bêtes féroces ; il est impropre de la manger. On tue des animaux pour le profit, on échange des biens contre de la viande. L'un tue, l'autre achète, tous deux sont fautifs.

**BOUDDHA**

Le premier qui commença à manger de la chair aurait dû y réfléchir, non le dernier qui bien tard cessa de le faire.

**PLUTARQUE**

En réalité, si nous souffrons tant et si nous avons tant de meurtres et de crimes, c'est parce que, tous les jours, nous causons par notre nourriture le massacre d'une multitude d'animaux infortunés et qui souffrent. Il semble que ce soit une des bases de la dialectique de la sagesse éternelle. Tous ceux qui font souffrir inutilement des animaux en recevront, dans cette vie même, le contrecoup terrible. L'âme animale a des puissances insoupçonnées qui s'accordent avec la justice de Dieu.

**FRANÇOIS BROUSSE**

Un temps je fus garçon et fillette, arbuste, oiseau et muet poisson qui saute au-dessus de la mer.
**EMPÉDOCLE**

*Sur le parcours des âmes :*
Degré d'en haut pour l'ombre et d'en bas pour le jour
L'ange y descend, la bête après la mort y monte
Pour la bête il est gloire et pour l'ange il est honte
**VICTOR HUGO**

On m'a souvent accusé de plus de sollicitude pour les bêtes que pour les gens : pourquoi s'attendrir sur les brutes quand les êtres raisonnables sont si malheureux ? C'est que tout va ensemble, depuis l'oiseau dont on écrase la couvée jusqu'aux nids humains décimés par la guerre.
**LOUISE MICHEL**

De même que l'homme civilisé tuait l'homme sauvage, de même il se débarrassait de la bête gênante; comme il avait l'habitude d'asservir le semblable dont le travail pouvait lui profiter, il chargeait également de son fardeau l'animal docile en lui faisant accomplir son travail.
**ÉLISÉE RECLUS**

Les animaux partagent avec nous le privilège d'avoir une âme.
**PYTHAGORE**

Le chagrin et la haine brassés dans le pot de viande de ragoût sont profonds comme l'océan. Cela ne pourra jamais être complètement décrit. Les guerres et les massacres dans le monde sont générés par la convergence du mauvais karma des êtres sensibles, entraînant les êtres à endurer la rétribution en même temps. Si vous écoutez avec attention les cris de misère venant d'un abattoir au milieu de la nuit, vous réaliserez l'horreur de la tuerie incessante qui a lieu à l'intérieur. Nous devrions couper cette relation de causes et d'effets avec les animaux et arrêter le cercle vicieux de la création de crimes contre les vaches, les moutons, les poules, et autres animaux.

**HSUAN HUA**

Le nid que l'oiseau bâtit
Si petit
Est une chose profonde
L'œuf ôté de la forêt
Manquerait
A l'équilibre du monde

**VICTOR HUGO**

Dans un pays surpeuplé, le mangeur de viande est un mangeur d'hommes.

**ALFRED SAUVY**

Tant qu'il y aura des abattoirs, il y aura aussi des champs de batailles.

**LÉON TOLSTOÏ**

Les hommes chassent aux bêtes, les conquérants chassent aux hommes. Vieille et lamentable humanité qui refuse de voir les causes de ses malheurs ! Traitez humainement les Animaux, et le destin traitera humainement les Hommes. L'homme a perturbé l'ordre cosmique.

**FRANÇOIS BROUSSE**


Qu'est-ce à dire ? Sinon qu'il faut rejeter cette pensée que le monde ait été fait en vue de l'homme : il n'a pas été fait en vue de l'homme plutôt qu'en vue du lion, de l'aigle ou du dauphin. Il a été fait de telle sorte qu'il fût parfait et achevé comme il convenait à l'oeuvre de Dieu; et c'est pourquoi toutes les parties qui le composent ne sont pas ajustées à la mesure de l'une d'entre elles, mais chacune concerte à l'effet d'ensemble et en dépend. De cet ensemble, Dieu prend uniquement soin ; c'est lui que la Providence n'abandonne jamais ; qui ne se corrompt ni ne s'altère. Jamais Dieu ne l'abandonne, ni ne se rappelle, après un long temps d'oubli, d'avoir à y revenir. Il ne s'irrite pas plus au sujet des hommes qu'au sujet des singes ou des rats. Il ne menace aucun être, car chacun d'eux garde la place et la fonction qui lui ont été assignées.

**CELSE**


Un pouvoir divin éclate dans la sensation du dernier des insectes comme dans le cerveau de Newton.

**VOLTAIRE**

*En parlant des bêtes :*
Ce défaut qui empêche la communication d'entre elles et nous , pourquoi n'est-il aussi bien à nous qu'à elles ? C"est à deviner à qui est la faute de ne nous entendre point : car nous ne les entendons non plus qu'elles nous. Par cette même raison, elles nous peuvent estimer bêtes, comme nous les estimons.

**MONTAIGNE**

Assurer qu'ils n'ont point d'âme, et qu'ils ne pensent point, c'est les réduire à la qualité de machines ; à quoi l'on ne semble guère plus autorisé qu'à prétendre qu'un homme dont on n'entend pas la langue est un automate.

**DENIS DIDEROT**

Comment peut-on vendre ou acheter le ciel ? Comment peut-on vendre ou acheter la chaleur de la terre ? Cela nous semble étrange. Si la fraîcheur de l'air et le murmure de l'eau ne nous appartient pas, comment peut-on les vendre ? Pour mon peuple, il n'y a pas un coin de cette terre qui ne soit sacré. Les cerfs, les chevaux, les grands aigles sont nos frères ; et l'homme appartient à la même famille. Vous devez vous rappeler tout cela et apprendre à vos enfants.
Je suis un sauvage et je ne comprends pas une autre façon de vivre. J'ai vu des milliers de bisons qui pourrissaient dans la prairie, laissés là par votre peuple qui les avait tués d'un train qui passait. Je suis un sauvage et je ne comprends pas comment ce cheval de fer qui fume peut-être plus important que le bison. Qu'est-ce que l'homme sans les bêtes ? Si toutes les bêtes avaient disparu, l'homme mourrait complètement

solitaire, car ce qui arrive aux bêtes bientôt arrive à l'homme.

Toutes les choses sont reliées entre elles. Vous devez apprendre à vos enfants que la terre sous leurs pieds n'est autre que la cendre de nos ancêtres. Ainsi, ils respecteront. Apprenez à vos enfants ce que nous avons appris aux nôtres : que la terre est notre mère et que tout ce qui arrive à la terre arrive aux enfants de la terre.

Nous ne comprenons pas pourquoi les bisons sont tous massacrés, pourquoi les chevaux sauvages sont domestiqués, ni pourquoi les lieux les plus secrets des forêts sont lourds de l'odeur des hommes. Qu'est devenu le cerf ? Il a disparu. Qu'est devenu le grand aigle ? Il a disparu. C'est la fin de la vie et le commencement de la survivance.

**SEATTLE**

# IV. De la Cruauté et de la Souffrance

Auschwitz commence partout où quelqu'un regarde un abattoir et pense: ce sont seulement des animaux.
**THÉODOR ADORNO**

Le juste prend soin des bêtes, mais les entrailles des méchants sont cruelles.
**LA BIBLE**

Hélas, quelle sorte de vertu pratiquent ces êtres ? Ils se remplissent le ventre de chair animale en répandant la crainte chez les bêtes qui vivent dans les airs, dans les eaux et sur la terre ! Les pratiquants de la Voie doivent s'abstenir de viande, car en manger est source de terreur pour les êtres.
**BOUDDHA**

Chaque fois que les gens disent: « Nous ne devons pas être sentimentaux », cela signifie qu'ils sont sur le point de faire quelque chose de cruel. Et s'ils ajoutent : « Nous devons être réalistes », ils veulent dire qu'ils vont en faire de l'argent. Ces slogans ont une longue histoire. Ils furent utilisés pour justifier les commerçants d'esclaves, les industriels impitoyables. On les a maintenant passés, comme un héritage, aux fermiers d'usine.
**BRIGID BROPHY**

L'homme est le seul animal qui peut être l'ami de ses victimes jusqu'à ce qu'il les dévore.
**SAMUEL BUTLER**

Ces meurtres dégouttants flattent si fort notre sensualité, que nous donnons à la chair le nom de mets, et cependant pour la manger vous avez besoin d'assaisonnements ; vous y mêlez de l'huile, du vin, du garum, du vinaigre, des aromates, on dirait vraiment qu'il s'agit d'embaumer un corps mort. Il vous en faut donc transformer la chair par le feu, la faire bouillir ou rôtir, la dénaturer enfin par des assaisonnements et des drogues qui ôtent l'horreur du meurtre, afin que le goût, trompé par ces déguisements, ne rejette point une si étrange pourriture. Ces viandes ainsi amollies et attendries, je dirais presque corrompues, n'en sont pas moins difficiles à digérer, et après même que nous les avons digérées, elles nous occasionnent des pesanteurs pénibles.

**PLUTARQUE**

Je me demande dans quel état d'esprit se trouve un être humain qui porte du sang à sa bouche, pose ses lèvres sur la chair d'un cadavre et place sur sa table des carcasses qu'il ose appeler nourriture qui, le moment auparavant, bêlaient, mugissaient, marchaient et voyaient.

**PYTHAGORE**

Nous imitons les mœurs des loups, des léopards, ou plutôt nous faisons pire qu'eux. La nature les a faits pour qu'ils se nourrissent ainsi, mais Dieu nous a doté de la parole et du sentiment de l'équité, et nous voilà devenus pires que des bêtes sauvages.

**JEAN CHRYSOSTOME**

Le raisonnement justifiant la vivisection, le sacrifice de créatures que nous considérons comme des êtres « inférieurs », diffère peu de celui qui justifie le camp de concentration ou le commerce des esclaves.
### SADRUDDIN AGA KHAN

J'ai conservé une répugnance raisonnée pour la chair et il m'a toujours été difficile de ne pas voir, dans l'état du boucher, quelque chose de celui du bourreau.
### ALPHONSE DE LAMARTINE

Le chasse endurcit le corps et le coeur ; elle accoutume au sang et à la cruauté.
### JEAN JACQUES ROUSSEAU

Karl, à genoux, le fusil à l'épaule, l'œil ardent, la guettait, attendant qu'elle fût assez proche.
« Tu as tué la femelle » dit-il, « Le mâle ne s'en ira pas.»
Certes, il ne s'en allait point ; il tournoyait toujours et pleurait autour de nous. Jamais gémissement de souffrance ne me déchira le cœur comme l'appel désolé, comme le reproche lamentable de ce pauvre animal perdu dans l'espace.
### GUY DE MAUPASSANT

N'est-il pas absurde de se croire obligé d'observer les lois de la justice avec une infinité d'hommes, qui n'ayant que le sentiment, sont dépourvus d'esprit et de raison, et surpassent en cruauté, en colère et en avidité les plus cruels animaux, n'épargnant ni la vie de leurs enfants, ni celle de leurs pères, tyrans ou ministres de tyrans tandis que l'on ne se croit obligé à rien à l'égard du bœuf ?

**PORPHYRE**

Je vois le porc des paysans, bouchers d'occasion, et d'autant plus cruels : l'un d'eux saigne lentement l'animal pour que le sang s'écoule goutte à goutte, car il est indispensable, paraît-il, pour la bonne préparation des boudins, que la victime ait beaucoup souffert. Elle crie en effet d'un cri continu, coupé de plaintes enfantines, d'appels désespérés, presque humains : il semble que l'on entende un enfant.

**ÉLISÉE RECLUS**

Quel crime d'engloutir des entrailles dans ses entrailles, d'engraisser avidement son corps d'un autre corps et de vivre de la mort d'un être vivant comme nous ! Eh quoi ! Parmi tant de biens que produit la Terre, la meilleure des mères, vous n'aimez qu'à imiter les barbares Cyclopes, en broyant sous vos dents cruelles des membres déchirés ! Ne pouvez vous donc rassasier que par le meurtre votre monstrueuse gloutonnerie ?

**PYTHAGORE**

L'Homme est véritablement le roi de tous les animaux, car sa cruauté dépasse celle des animaux. Nous vivons de la mort des autres. Nous sommes des tombes marchantes.

**LÉONARD DE VINCI**

La coutume de l'alimentation carnée fait oublier n'importe quelle atrocité.
### GEORGE BERNARD SHAW

On compare parfois la cruauté de l'homme à celle des fauves, c'est faire injure à ces derniers.
### FIODOR DOSTOIOVSKI

Que dirait-on cependant si un chien, devenu chirurgien, cassait la jambe à un homme pour apprendre à guérir celle d'un autre chien ? Que dirait-on si un chat arrachait l'oeil à un enfant pour voir comment les fibres médullaires du nerf optique sont étendues sur la rétine ? Que dirait-on enfin si une biche, armée du scalpel, ouvrait le ventre à une jeune mariée, pour y découvrir le mystère de la génération, ou seulement pour satisfaire sa curiosité ? Ne crierait-on pas au meurtre ! A la cruauté !
### HENRI JOSEPH DULAURENS

Vous venez juste de déjeuner et aussi soigneusement que l'abattoir puisse être caché, à une distance de quelques ou plusieurs miles : vous êtes complice !
### RALPH W. EMERSON

Répandre le sang et dévorer les membres des animaux auxquels la vie a été violemment retirée est honteux.
### EMPÉDOCLE

J'entendis gémir les oiseaux, à qui je demandai :
« Pourquoi pleurez-vous merveilleux oiseaux ? »
L'un d'eux vola vers moi et, s'étant perché au bout d'une branche, il dit :
« Bientôt les fils d'Adam viendront dans ce champ avec leurs armes meurtrières et ils nous feront la guerre comme à de mortels ennemis. Ne sachant pas qui de nous échappera à la colère de l'Homme, nous nous faisons nos adieux.»
**KHALIL GIBRAN**


Les peaux rampaient encore sur la terre écorchée
Les chairs dans son foyer mugissaient embrochées
Et l'homme dans son sein les entendit gémir
**HOMÈRE**


Les conquérants, les missionnaires, les marchands ont massacré, épuisé, abruti et vérolé les populations, ils ont produit le désert. On peut juger que si l'homme a ainsi traité l'homme, il n'a pas été plus clément ni meilleur pour les animaux. Des espèces les plus douces, il a fait d'horribles carnages, les a ensauvagées et barbarisées pour toujours.
**JULES MICHELET**


*Un grand sage appelé le vénérable Zhi qui pouvait discerner les causes et les effets arriva au mariage en fête et fut témoin d'une chose peu ordinaire :*
Une fille mangeait la chaire de sa mère, elle mangeait le pied d'un cochon avec délice, ne réalisant pas que le

cochon avait été sa mère dans la vie passée. Vénérable Zhi regarda alors les musiciens qui tapaient le tambour et qui soufflaient dans des trompettes et des flutes. L'un faisait résonner avec vigueur le tambour fait de mule, sans savoir que la mule avait été son père dans une vie passée.

Regardant les gens assis sur la couche, il dit: « Les cochons et les moutons sont assis sur la couche et dans les pots il y a six genres de parent qui cuisent.» Tous les anciens cochons et moutons qui ont été massacrés auparavant étaient maintenant en train de rendre la pareille et de manger les gens qui les avaient mangé auparavant! Les six genres de parents qui avaient mangé ces cochons et moutons étaient maintenant en train d'être émincés et cuits dans les pots pour payer leurs dettes.

Tout les gens pensaient que le mariage était une heureuse occasion mais seul le vénérable Zhi soupira et dit: « Ceci est vraiment souffrance ! Les gens prennent la souffrance pour de la joie ! »

**HSUAN HUA**


Il n'y a pas d'enfer pour les animaux, ils y sont déjà.

**VICTOR HUGO**


Nous avons asservi le reste de la création et avons traité nos cousins à fourrure et à plumes de manière si cruelle, que s'ils étaient capables de former une communauté religieuse, ils se représenteraient le diable à toute évidence sous forme humaine.

**WILLIAM INGE**

L'abattage du bœuf facilite le meurtre de l'homme, surtout quand retenti l'ordre du chef et que l'on entend de loin les paroles du maître couronné « Soyez impitoyable ! »
**ÉLISÉE RECLUS**


Les chasseurs ne m'inspirent que de la répulsion. Lorsqu'ils tirent sur des animaux, c'est comme si des soldats tiraient sur des enfants.
**THEODORE MONOD**


Quel déplaisir de voir une bête innocente et sans défense se faire poursuivre et tuer et qui en plus n'a commis aucune offense. Les naturels sanguinaires à l'endroit des bêtes témoignent une propension naturelle à la cruauté.
**MICHEL MONTAIGNE**


Vous me demandez pour quelle raison Pythagore s'abstenait de manger de la chair de bête, mais moi, je vous demande avec étonnement quel motif ou plutôt quel courage eut celui qui le premier approcha de sa bouche une chair meurtrie, qui toucha de ses lèvres les membres sanglants d'une bête expirante, qui fit servir sur sa table des corps morts et des cadavres, et dévora des membres qui, le moment d'auparavant, bêlaient, mugissaient, marchaient et voyaient ? Comment ses yeux purent-ils soutenir l'aspect d'un meurtre ? comment put-il voir égorger, écorcher, déchirer un faible animal ? Comment put-il en supporter l'odeur ? Comment ne fut-il pas dégoûté et saisi d'horreur quand il vint à manier l'ordure de ces plaies, à nettoyer le sang noir qui les couvrait ?

**PLUTARQUE**

Comme il se fait d'horribles goûts, comme il se prépare à verser un jour le sang humain, celui qui égorge de sang-froid un agneau, et qui prête une oreille insensible à ses bêlements plaintifs; celui qui peut sans pitié tuer le jeune chevreau et l'entendre vagir comme un enfant; celui qui peut manger l'oiseau qu'il a nourri de sa main !
Y a-t-il loin de ce crime au dernier des crimes, l'homicide ? N'en ouvre-t-il pas le chemin ?

**OVIDE**

La cruauté envers les animaux et même déjà l'indifférence envers leur souffrance est à mon avis l'un des péchés les plus lourds de l'humanité. Il est la base de la perversité humaine. Si l'homme crée tant de souffrance, quel droit a-t-il de se plaindre de ses propres souffrances ?

**ROMAIN ROLLAND**

Tant que nous sommes nous-mêmes les tombeaux vivants d'animaux assassinés, comment pouvons-nous espérer des conditions de vie idéales sur cette Terre ?

**GEORGE BERNARD SHAW**

Si tu veux t'obstiner à soutenir que la nature t'a créé pour manger telle viande, tue-la donc toi-même le

premier, je dis toi-même, sans user de couperet ni de couteau, mais comme le font les loups, les ours et les lions qui, à mesure qu'ils mangent, tuent la bête.
**PYTHAGORE**


Les animaux carnivores sont généralement plus cruels que les herbivores. Devons-nous les imiter ?
**JEAN JACQUES ROUSSEAU**


Il n'est que trop certain que ce carnage dégoûtant, étalé sans cesse dans nos boucheries et dans nos cuisines, ne nous paraît pas un mal, au contraire, nous regardons cette horreur, souvent pestilentielle, comme une bénédiction du Seigneur et nous avons encore des prières dans lesquelles on le remercie de ces meurtres. Qu'y a-t-il pourtant de plus abominable que de se nourrir continuellement de cadavres, engloutir dans ses entrailles les entrailles des autres.
**VOLTAIRE**


Ce n'est point une digression de mentionner les horreurs de la guerre à propos des massacres de bétail et des banquets pour carnivores. Le régime d'alimentation correspond bien aux mœurs des individus. Le sang appelle le sang.
**ÉLISÉE RECLUS**


La corrida, ni un art, ni une culture ; mais la torture d'une victime désignée.
**ÉMILE ZOLA**

Faire souffrir une bête c'est provoquer une souffrance. Quelle que soit la victime de cette cruauté inutile, c'est toujours une cruauté. L'important n'est pas de savoir qui est-ce qu'on martyrise, l'essentiel est de ne point martyriser.
### ANTONIO ZOZAYA

Les êtres humains aiment tuer, soit les autres humains, soit les animaux.
### JIDDU KRISHNAMURTI

Et si les bêtes étaient capables de cette même sensation que nous nommons plaisir, il y aurait une cruauté inouïe à leur faire du mal.
### DENIS DIDEROT

C'est une cruauté et une barbarie de tuer, d'assommer, et d'égorger, comme on fait, des animaux qui ne font point de mal, car ils sont sensibles au mal et à la douleur aussi bien que nous, malgré ce qu'en disent vainement, faussement et ridiculement nos nouveaux cartésiens, qui les regardent comme des pures machines sans âmes et sans sentiment aucun. Ridicule opinion, pernicieuse maxime, et détestable doctrine puisqu'elle tend manifestement à étouffer dans le cœur des hommes tous sentiments de bonté, de douceur et d'humanité qu'ils pourraient avoir pour ces pauvres animaux.
### JEAN MESLIER

Nous aimons les animaux parce qu'ils ne mentent pas.
C'est pour celà que l'homme les a mis en esclavage: il
lui rappelaient la vérité.
**HENRI DE MONTHERLANT**


Dieu aima les oiseaux et inventa les arbres.
L'homme aima les oiseaux et inventa les cages.
**JACQUES DEVAL**


Si la cruauté humaine s'est tant exercée contre
l'homme, c'est trop souvent qu'elle s'était fait la main
sur les animaux.
**MARGUERITE YOURCENAR**

# V. Différents mais fort Semblables

Plus profondément, il n'est point permis de supposer
l'esprit dans les bêtes, car cette pensée n'a point d'issue.
Tout l'ordre serait aussitôt menacé si l'on osait croire
que le petit veau aime sa mère, ou qu'il craint la mort,
ou seulement qu'il voit l'homme. L'œil animal n'est pas
un œil. L'œil esclave non plus n'est pas un œil, et le
tyran n'aime pas le voir.

**ALAIN**


Qui est-ce qui craint ce qui afflige ? Qui est-ce qui
désire les choses utiles ? Qui est-ce qui songe à se les
procurer, lorsqu'elles sont éloignées ? Qui est-ce qui se
prépare des lieux de sûreté, des retraites ? Qui est-ce
qui tend des embûches ? Qui est-ce qui cherche à
échapper à des filets, lorsqu'il est pris ? C'est ce que les
philosophes ne manquent pas d'examiner jusqu'à
l'ennui dans leurs introductions, lorsqu'ils parlent de la
résolution, qui est le dessein de venir à bout d'une
chose, de l'entreprise, des préparatifs, de la mémoire
qui n'est autre chose que l'attention à quelque chose
qui est passée, et que le sentiment nous a rendue
autrefois présente. Or tout cela suppose le raisonnement
et tout cela se trouve dans les animaux.

**PORPHYRE**


C'est pourquoi les hommes meurent comme les bêtes,
et leur sort est égal. Comme l'homme meurt, les bêtes
meurent aussi. Les uns et les autres respirent de même,
ils ont tous un même souffle et l'homme n'a rien de
plus que la bête : tout est soumis à la vanité. Tout va en
un même lieu ; tout a été fait de la poussière, et tout
retourne dans la poussière. Qui sait si l'âme des fils

d'Adam monte en haut, tandis que l'âme des animaux descend en bas, vers la terre ?

**LA BIBLE**

Les souffrances d'un animal nous semblent des maux, parce qu'étant animaux comme eux, nous jugeons que nous serions fort à plaindre, si on nous en faisait autant. Il ne leur manque que la parole ; s'ils l'avaient, oserions-nous les tuer et les manger ? Oserions-nous commettre ces fratricides ? Quel est le barbare qui pourrait faire rôtir un agneau, si cet agneau nous conjurait par un discours attendrissant de n'être point à la fois assassin et anthropophage ?

**VOLTAIRE**

Si nous devions réaliser le bonheur de tous ceux qui portent figure humaine et destiner à la mort tous nos semblables qui portent museau et ne diffèrent de nous que par un angle facial moins ouvert, nous n'aurions certainement pas réalisé notre idéal. Pour ma part, j'embrasse aussi les animaux dans mon affection de solidarité socialiste.

**ÉLISÉE RECLUS**

Chaque fois que vous détruisez et que vous faites souffrir des animaux vous créez des destructions et des souffrances humaines.

**FRANÇOIS BROUSSE**

Vainement dira t-on que les hommes l'emportent sur les animaux en ce qu'ils construisent des villes, organisent des États, ont des magistrats et des chefs pour les gouverner. On en voit tout autant chez les fourmis et les abeilles. Les abeilles ont leur reine qu'elles suivent et à laquelle elles obéissent. Elles ont comme nous des guerres, des victoires, des exterminations de vaincus ; comme nous, des villes et des bourgades ; comme nous, des heures de travail et de repos ; comme nous, des châtiments pour la paresse et la perversité : elles chassent et tuent les frelons. Les fourmis ne le cèdent pas à nous en matière de prévoyance et d'entraide. Elles assistent leurs compagnes lorsque celles là sont fatiguées ; elles transportent les mourantes en un lieu réservé qui est comme leur tombeau de famille. Quand elles se rencontrent, elles s'entretiennent ensemble, et ainsi les égarées sont remises dans le bon chemin. Elles ont donc en quelque sorte la plénitude de la raison, certaines notions générales du sens commun et un langage pour se communiquer tout ce qu'elles veulent. Pour qui regarderait du haut du ciel sur la terre, quelle différence offriraient les actions des fourmis, des abeilles et les nôtres.

**CELSE**


L'anatomie comparée nous enseigne qu'en toute chose, l'homme, ressemble aux animaux frugivores, et en rien aux carnivores… Ce n'est qu'en déguisant la chair morte rendue plus tendre par des préparatifs culinaires, qu'elle est susceptible d'être mastiquée et digérée par l'homme chez qui, de la sorte, la vue des viandes crues et saignantes n'excite pas l'horreur et le dégoût.

**GEORGE CUVIER**

Les bêtes veillent elles-mêmes à leur conservation; elles se meuvent à leur gré ; elle saisissent ce qui leur est propre, rejettent, évitent ce qui leur est contraire ; les mêmes sens, qui règlent nos actions, paraissent régler les leurs. Sur quel fondement pourrait-on supposer que leurs yeux ne voient pas, que leurs oreilles n'entendent pas, qu'elles ne sentent pas ? Il y a autre chose dans les bêtes que du mouvement. ce ne sont pas de purs automates, elles sont des êtres qui sentent.

**CONDILLAC**

Toutes les créatures sur terre, et tous les oiseaux qui volent avec des ailes, sont des communautés comme vous. Auprès de leur Seigneur, toutes ces créatures seront convoquées.

**LE CORAN**

Nous avons vu que les sens et les intuitions, les différentes émotions et facultés, comme l'amour et la mémoire, l'attention et la curiosité, l'imitation, la raison, etc, dont l'humain se vante, peuvent être trouvées à l'état naissant ou même pleinement développées, chez les animaux inférieurs. Les animaux, dont nous avons fait nos esclaves et que nous ne voulons pas considérer comme nos égaux.

**CHARLES DARWIN**

*Activiste des droits civils auprès de Martin Luther King :*
Lorsque je regarde des animaux tenus captifs, cela me

fait penser à l'esclavage. Les animaux martyrisés représentent la domination et l'oppression que nous avons combattu pendant si longtemps. Ils portent les mêmes chaînes et les mêmes fers.
**GRÉGORY DICK**

Si avoir une âme signifie être capable de ressentir de l'amour, de la fidélité et de la gratitude,
alors les animaux sont mieux lotis que les hommes.
**JAMES HERRIOT**

L'animal bâti, il souffre comme nous, trop souvent il est victime de nos brutalités. Celui qui, sans motif, fait souffrir les bêtes, comme une action barbare, je dirais volontiers « inhumaine », car il torture une chair, sœur de la notre, il brutalise un corps qui partage avec nous le même mécanisme de la vie, la même aptitude à la douleur.
**JEAN HENRI FABRE**

Ce serait donc une chose fort raisonnable de dire, qu'il n'y a de la raison que dans le discours de l'homme, parce que nous le comprenons; et qu'il n'y en a point dans le langage des animaux, parce qu'il nous est inintelligible. C'est comme si les corbeaux soutenaient que leur croassement est le seul langage raisonnable, et que nous sommes sans raison, parce que nous n'entendons pas ce qu'ils disent.
**PORPHYRE**

Innocent et peureux, je partis allègrement pour faire la commission, et pénétrais dans la cour où se tenaient les bourreaux de la bête égorgée. Je me la rappelle encore, cette cour sinistre, où passaient des hommes effrayants, tenant à la main de grands couteaux qu'ils essuyaient sur des sarreaux aspergés de sang. Sous un porche, un cadavre énorme me semblait occuper un espace prodigieux ; de la chair blanche, un liquide rose coulait dans les rigoles.

Et moi, tremblant et muet, je me tenais dans cette cour ensanglantée, incapable d'avancer, trop terrorisé pour m'enfuir. Je ne sais ce que je devins ; ma mémoire n'en garde pas la trace. Il me semble avoir entendu dire que je m'évanouis et que le boucher compatissant me rapporta dans la demeure familiale: je ne pesais pas plus qu'un de ces agneaux qu'il égorgeait chaque matin.

**ÉLISÉE RECLUS**


Le soir se déployait ainsi qu'une bannière
L'oiseau baissait la voix dans le jour affaibli
Tout s'apaisait dans l'air, sur l'onde; et, plein d'oubli
Le crapaud, sans effroi, sans honte, sans colère
Doux, regardait la grande auréole solaire
Peut-être le maudit se sentait-il béni
Pas de bête qui n'ait un reflet d'infini
Pas de prunelle abjecte et vile que ne touche
L'éclair d'en haut, parfois tendre et parfois farouche
Pas de monstre chétif, louche, impur, chassieux
Qui n'ait l'immensité des astres dans les yeux

**VICTOR HUGO**

La viande des animaux est comme la chair de nos propres fils.

**KRISHNA**


Les animaux ont les mêmes facultés que nous, ils sont organisés comme nous, ils reçoivent comme nous la vie, ils la donnent de même. Ils commencent comme nous le mouvement et le communiquent. Ils ont des sens et des sensations, des idées, de la mémoire. Les animaux n'ont que des facultés et nous n'avons que des facultés.

**VOLTAIRE**


Ce qui n'est pas nécessaire, c'est de détruire pour rien, de structurer notre vie au détriment d'une autre dignité. J'appelle dignité, ce qui est une autre entité capable de ressentir, de subir, de comprendre, de questionner, de remettre en cause la destinée. J'appelle travailler en dignité, le fait de travailler en symbiose avec une autre dignité, éveillant un sentiment de quiétude, de respect mutuel, de justice équitable, de beauté toute simple. Vivre au détriment d'un autre, sous prétexte qu'on en a la force de possibilité, n'est pas œuvre de dignité mais syndrôme violent du pouvoir de dominer autrui.

**PHÉNIX**


De tous les animaux qui s'élèvent dans l'air
Qui marchent sur la terre, ou nagent dans la mer
De Paris au Pérou, du Japon jusqu'à Rome
Le plus sot animal, à mon avis, c'est l'homme

**NICOLAS BOILEAU**

Nous n'invoquerons en faveur des animaux ni la transmigration des âmes, ni la vie universelle, ni la fraternité d'origine, mais uniquement leur sensibilité semblable à la nôtre. Sous ce rapport, nous trouvons dans l'animal notre être ; en ses souffrances, nous voyons nos souffrances ; en ceux qui abusent de leur supériorité, de leur force pour torturer, une lâcheté et une cruauté menaçantes pour la société.

**PIERRE LAROUSSE**


Vie animale, sombre mystère. Toute la nature proteste contre la barbarie de l'homme qui ne comprend pas, qui humilie et qui torture ses frères inférieurs.

**JULES MICHELET**


Le coeur de la bête est comme le coeur humain, son cerveau est comme le cerveau humain, susceptible de sentir et de comprendre.

**LOUISE MICHEL**


Mais quand je rencontre, parmi les opinions les plus modérées, des raisonnements qui tendent à prouver combien nous ressemblons étroitement aux animaux, combien ils participent de ce que nous considérons comme nos plus grands privilèges, et avec quelle vraisemblance on peut les comparer à nous, certes, j'en rabat beaucoup de notre présomption, et me démets volontiers de cette royauté imaginaire qu'on nous attribue sur les autres créatures.

**MICHEL MONTAIGNE**

Même le loup sait comment s'instruire alors que les bêtes humaines n'ont aucune idée de ce qu'est l'éducation.

**KHAN MUNI**


Comme vous ils ont une âme, comme vous ils survivent, puis reviennent sur la terre. Abstenez-vous donc de toute nourriture carnée !

**ORPHÉE**

Pourquoi les oiseaux, par un matin d'été
Avant le vif du jour, transpercent mon esprit ravi?
Cela fait parti d'une enquête qui recevra sa réponse
Quand la chair et l'esprit se sépareront dans
l'immédiateté de la mort

**EMILY DICKINSON**


On dira peut-être que l'on avoue que les animaux sont raisonnables, mais qu'ils n'ont point de convention avec nous. C'est parce qu'on les suppose sans raison qu'on nie cette convention.

**PORPHYRE**


L'animal a un coeur qui perçoit, comme toi. L'animal éprouve joie et douleur, comme toi. L'animal a ses propres aspirations, comme toi. L'animal a le droit de vivre, comme toi !

**PETER ROSEGGER**

Si je suis obligé de ne faire aucun mal à mon semblable, c'est moins parce qu'il est un être raisonnable que parce qu'il est un être sensible ; qualité qui étant commune à la bête et à l'homme, doit au moins donner à l'un le droit de ne pas être maltraitée inutilement par l'autre.
### JEAN JACQUES ROUSSEAU

Les animaux sont principalement et essentiellement la même chose que nous.
### ARTHUR SCHOPENHAUER

L'émancipation de l'homme contre la cruauté et l'injustice apportera avec elle en temps voulu l'émancipation des animaux aussi. Ces deux réformes sont inséparablement liées, et aucune ne peut être pleinement réalisée seule.
### HENRI SELLIER

Ceux que nous appelions des brutes eurent leur revanche quand Darwin nous prouva qu'ils étaient nos cousins.
### GEORGE BERNARD SHAW

La différence de rationalité entre deux êtres sensibles ne permet pas d'établir une distinction éthique fondamentale entre leurs douleurs respectives.
### HENRY SIDGWICK

La chair de l'homme est exactement la même que la chair rouge des animaux ; en mangeant de la chair animale, l'homme est devenu cannibale.
**CHEE SOO**

L'animal contient tous les matériaux de l'homme, sensations, jugements, images.
**HIPPOLYTE TAINE**

Nous sommes tous des créatures de Dieu ; il n'est pas conciliable d'invoquer Grâce et Justice divine et de continuer à manger la chair des animaux qui ont été abattus par notre faute.
**ISAAC BASHEVIS SINGER**

Quel est le chien, l'orang-outang, l'éléphant bien organisé qui n'est pas supérieur à nos imbéciles que nous renfermons, à nos vieux gourmands frappés d'apoplexie, traînant les restes d'une inutile vie dans l'abrutissement d'une végétation ininterrompue, sans mémoire, sans idées, languissant entre quelques sensations et le néant ? Quel est l'animal qui ne soit pas cent fois au-dessus de nos enfants nouveaux-nés ?
**VOLTAIRE**

Anaxagore enseignait que les animaux ont la raison active, mais non la raison passive, qui sert en même temps d'interprète au raisonnement.
**JOHANN WOLFGANG VON GOETHE**

Se nourrir des animaux n'est pas loin de
l'anthropophagie et du cannibalisme.
**ALEXANDER VON HUMBOLDT**


Aucun être vivant n'assassinera une créature qui détient
sa vie de la même source que lui. Toutes les créatures
sont meilleures vivantes que mortes : hommes, élans,
pins, et celui qui comprend s'acharnera à préserver la
vie et non à la détruire.
**HENRY DAVID THOREAU**


Du meurtre d'un animal à celui d'un homme, il n'y a
qu'un pas.
**LÉON TOLSTOÏ**


Pareillement, nous posons que tous les hommes mais
aussi tous les animaux sont de la même race parce que
les principes de leurs corps sont par nature les mêmes,
et beaucoup plus encore parce que l'âme qui est en eux
n'est pas différente par nature, sous le rapport des
appétits, des mouvements de colère, des raisonnements
aussi et par-dessus tout des sensations. Mais, comme
pour le corps, certains animaux ont de même l'âme
parfaite tandis que pour d'autres elle l'est moins; pour
tous cependant, les principes sont par nature les mêmes.
La parenté des affections le montre aussi.
**THÉOPHRASTE**


Y a t-il une si grande différence entre le cadavre d'un
bœuf et celui d'un homme. Les membres coupés, les

entrailles entremêlées de l'un et de l'autre se ressemblent fort : l'abattage du premier facilite le meurtre du second.

**ÉLISÉE RECLUS**

Quand je me joue à ma chatte, qui sait, si elle passe son temps de moi plus que je ne fais d'elle ? Nous nous entretenons de singeries réciproques. Si j'ai mon heure de commencer ou de refuser, aussi a elle la sienne.

**MONTAIGNE**

De tous les animaux de la création, l'homme est le seul à boire quand il n'a pas soif, manger quand il n'a pas faim et le seul à parler quand il n'a rien à dire.

**JOHN STEINBECK**

Les animaux étant donc ainsi nos alliés, s'il est vrai, comme l'a enseigné Pythagore, qu'ils aient une âme semblable à la nôtre, c'est à juste titre que l'on accuse d'impiété quiconque ose manger son semblable ; et quoiqu'il y ait quelques animaux sauvages, il ne faut pas croire que cela détruit l'espèce d'alliance, qui est entre nous et les bêtes. N'y a-t-il pas, chez les hommes, des méchants que leur caractère dépravé porte à nuire à ceux avec lesquels ils vivent ?

**PORPHYRE**

Il y a les animaux humains et les animaux non humains.

**CHARLES DARWIN**

# VI. De l'Indifférence et de la négation d'Autrui-Animal

C'est aux travaux sur la bête que l'homme apprend à ne pas penser. Il se détourne, et il y a du fanatisme dans ce mouvement. L'animal ne peut être un ami, ni même un ennemi ; n'en parlons plus, parlons d'autre chose, ou parlons sans penser. L'homme le doigt sur les lèvres, c'est le silence de pensée qu'il impose d'abord à la nature ; c'est le droit refusé.

**ALAIN**


Torturer un taureau pour le plaisir, pour l'amusement, c'est beaucoup plus que torturer un animal, c'est torturer une conscience.

**VICTOR HUGO**


Comment ses yeux purent-ils souffrir de voir un meurtre ? De voir tuer, écorcher, démembrer une pauvre bête ? Comment son odorat pu-t-il en supporter l'odeur ? Comment son goût ne fût-il pas dégoûté d'horreur, quand il vint à manier l'ordure des blessures, à recevoir le sang et le suc sortant des plaies mortelles d'autrui ?

**PYTHAGORE**


L'un des traits essentiels de notre civilisation juridique consista à refouler impitoyablement les autres animaux hors du droit.

**JEAN CARBONIER**


L'habitant des grandes villes ne voient plus les animaux que sous leur aspect de chair morte qu'on lui vend chez le boucher. La mécanique a tout remplacé. Et bientôt ce sera la même chose dans les campagnes. Maintenant, une vache est un laboratoire vivant, le cochon est un produit sélectionné qui fournit une quantité de lard conforme au standard. La poule errante et aventureuse est incarcérée. Sont-ce encore des animaux, des créatures de Dieu, des frères et des sœurs de l'homme, des signifiants de la sagesse divine, que l'on doit traiter avec respect ? Qu'a-t-on fait de ces pauvres serviteurs ? L'homme les a cruellement licencié. Il n'y a plus de liens entre eux et nous.

**PAUL CLAUDEL**

Il n'y a que les peuples chez lesquels la corruption régnait qui n'avaient aucune répugnance pour manger de la chair.

**PORPHYRE**

Quand un animal fait quelque chose, nous appelons cela instinct; si nous faisons la même chose pour la même raison, nous appelons cela intelligence.

**WILL CUPPY**

*En parlant des ânesses :*
Beaucoup de travaux n'auront d'autre salaire que la faim, la soif, la misère, la bastonnade et l'aiguillon. Des êtres qu'on mange après les avoir exploités. À celles qui les aide et les nourrissent, ils infligeront une mort barbare dans les tortures.

**LÉONARD DE VINCI**

Peut-on, sans être touché de compassion, se représenter un bœuf déjà grand, quoi qu'encore jeune, renversé et tout étourdi d'une dizaine de grands coups qu'il a reçu de son bourreau ? Contemplez ses débattements, ses abois, et les derniers efforts qu'il fait pour s'arracher à une mort qu'il ne peut éviter; mouvements qui sont des marques assurés de la fatalité de sa destiné qui approche.
Quand une créature donne des preuves aussi convaincantes, et aussi incontestables des terreurs qu'elle éprouve, des douleurs et des tourments qu'elle ressent, peut il y avoir de sectateur de Descartes si endurci au sang, qui saisi de compassion n'abandonne la ridicule philosophie de ce vain raisonneur ?

**BERNARD MANDEVILLE**


Quand aux chasses à courre, avec bénédiction sacerdotale de la meute, et messe de Saint Hubert avec fanfare de cors, avec hallali féroce et larmes de la bête aux abois, jetons un voile sur ces recréations dites « mondaines. » Pour couronner la fête, on tranche la patte d'un cerf forcé, qui gémit, cerné par des « humains » et menacé par des chiens... Quand une femme de la compagnie aura tendu la main pour afférer l'hommage d'une extrémité de patte sanguinolente, est-ce avec les mêmes doigts qu'elle saisira le pain de la Sainte Cène à la table de la Communion ?

**WILFRED MONOD**


C'est un spectacle dégoûtant que de voir servi sur les tables des privilégiés ces corps morts que l'art des cuisiniers déguise sous tant de formes différentes, pourquoi n'ont ils pas honte de mettre en pièces des animaux vivants ?

**PLUTARQUE**

Plus d'inventions perfides; n'attirez plus l'oiseau sur la glu, ne poussez plus le cerf épouvanté dans vos toiles, ne cachez plus, sous un appât trompeur, la pointe de l'hameçon.

**OVIDE**

Qui tente d'abattre une créature vivante pour le sport est maudit.

**MAHOMET**

Les animaux, à l'entrée même, sont déjà saisis par un nœud coulant, suspendus par la patte à une tringle de fer, et glissant vers le couteau du boucher : le sang coule, et fuit sur une pente inclinée, tandis que les cadavres continuent leur marche vers l'échaudoir et l'écorchoir, vers l'étal où la hache abat la tête et les membres ; ici l'itinéraire bifurque, chaque partie de l'animal, la carcasse, les chairs, la graisse, suivent leur voie respective et à chaque étape un groupe d'ouvriers spéciaux leur font subir les préparations qui les rapprochent de l'état définitif.

**ÉLISÉE RECLUS**

Des barbares saisissent ce chien, qui l'emporte si prodigieusement sur l'homme en amitié ; ils le clouent sur une table, et ils le dissèquent vivant pour en montrer

les veines mésaraïques. Tu découvres dans lui tous les
mêmes organes de sentiment qui sont dans toi.
Réponds-moi, machiniste, la nature a-t-elle arrangé
tous les ressorts du sentiment dans cet animal afin qu'il
ne sente pas ? A-t-il des nerfs pour rester impassible ?
**VOLTAIRE**


Hommes cruels, qui vous force à verser le sang ?
**JEAN JACQUES ROUSSEAU**


Nous voyons et nous entendons à leur cri que la mort
est douloureuse pour les animaux. Mais celà, l'Homme
le méprise dans la bête : comme elle est privée de
raison, elle n'est pas liée à lui par une société de droit.
**SAINT AUGUSTIN**


Une tare fondamentale est la suivante :
celui qui a le pouvoir, contredisant la nature, a arraché
l'homme « du monde animal » auquel il appartient
pourtant essentiellement et veut à présent le faire valoir
totalement seul, considérant les animaux très
exactement comme « des choses.»
**ARTHUR SCHOPENHAUER**


Les carnivores, c'est la nécessité et la faim qui les
portent à cette injustice : au lieu que nous, nous tuons la
plupart des animaux pour nous amuser ; ce qu'il est
aisé de prouver par ce qui se passe dans les
amphithéâtres et à la chasse, ce qui fortifie le penchant
que nous avons à la cruauté. Ceux qui les premiers se

sont portés à ces excès ont presque détruit chez les hommes la compassion et l'humanité ; et les pythagoriciens, pratiquant l'abstinence de la chair des animaux et la douceur à l'égard des bêtes, ont travaillé à rendre les hommes plus humains et plus compatissants et ils y ont beaucoup mieux réussi parce qu'ils accoutumaient les hommes à avoir de l'horreur pour le sang, et que l'habitude a un grand empire sur les passions.

**PORPHYRE**


Leurs tortures de tous les jours et leur sacrifice pour le bien de l'humanité se déroulent loin de tout et en cachette ; mais leur souffrance est bien là, plus grande qu'on ne l'imagine. On a souvent tenté d'attirer l'attention sur cet ensemble d'idées, mais elles sont loin d'avoir pénétré dans les esprits. Le comportement des animaux fait partie intégrante du comportement humain authentique et il faut ébranler sa bonne conscience à l'idée de sa responsabilité dans les souffrances dont il est témoin ou qu'il accepte de faire subir. Par ailleurs, il arrive que les hommes se laissent trop facilement décourager à la pensée que l'individu isolé ne peut rien faire, et ils en viennent, comme la plupart d'entre nous, à vouloir fermer les yeux et se boucher les oreilles pour ne plus rien savoir de ces misères : ils ont l'impression qu'en leur tournant le dos dans leur vie de tous les jours, elles existent moins réellement. Ce point de vue est faux et lâche.

**ALBERT SCHWEITZER**

*Dans une de ses nouvelles, un personnage se confie à un animal mort :*
« Que savent-ils, tous ces érudits, tous ces philosophes, tous les dirigeants de la planète, que savent-ils de quelqu'un comme toi ? Ils se sont persuadés que l'homme, l'espèce la plus pécheresse entre toutes, est au sommet de la création, que toutes les autres créatures furent créées uniquement pour lui procurer de la nourriture, des peaux, crées pour être martyrisées et exterminées. Pour toi, tous les humains sont des nazis ; pour les animaux, la vie est un éternel Treblinka.»
**ISAAC BASHEVIS SINGER**


Ce n'est qu'en estompant et déguisant l'aspect de la chair morte par des préparations culinaires qu'on peut la rendre susceptible d'être mangée ou digérée et que l'horreur brute de la vision du sang ne provoque pas une répugnance et un dégoût intolérable.
**PERCY BYSSHE SHELLEY**


Avec quelle horreur on se familiarise ! Comme on se prépare à verser cruellement le sang humain, lorsqu'on enfonce le couteau dans la gorge d'une génisse et qu'on est sourd à ses meuglements d'effroi ! Ah ! Celui qui est capable d'abbatre de sang froid un chevreau, malgré ses hurlements semblables aux cris de l'enfant, ou celui qui peut se repaître de l'oiseau nourri par ses propres mains, est-il encore très éloigné du crime ?
**PYTHAGORE**

On écrase délibérément un serpent sur la route, on prend au piège les loups ou les coyottes. Des gens très bien vêtus et très gais s'en vont avec leurs précieux fusils tuer des oiseaux qui, l'instant d'avant, chantaient encore. Un jeune garçon tue un geai bleu caquetant avec un revolver à plomb et parmi ses ainés, nul n'a le moindre mot de pitié, et personne ne le gronde ; tous au contraire, le félicitent d'être si fin tireur. Tuer au nom du soit disant sport, au nom de son pays ou de la paix, ou pour la nourriture – il n'y a pas grande différence entre tout cela. Toute justification est vaine. Il n'est qu'une règle absolue: « Ne jamais tuer.»
**JIDDU KRISHNAMURTI**

Qui de nous oserait sans scrupule mettre la main sur les bêtes et répandre leur sang ? Qui pourrait tuer un agneau en sûreté de conscience ?
**DENIS DIDEROT**

Les animaux sont assassinés dans une atmosphère d'horreur, de révolte et de souffrance sans nom... La conséquence de ce fruit, est que les contemporains n'absorbent pas seulement de la viande, ils absorbent en même temps de la colère, de la révolte et de la bestialité.

**PAPUS**

Tout comme Zénon, il me déplaît de « digérer des agonies.»
**MARGUERITE YOURCENAR**

Dès lors toute beauté, toute vie, toute noblesse étaient reportées sur l'âme humaine ; la nature vide et dégradée n'était plus qu'un amas de poulies et de ressorts, aussi vulgaire qu'une manufacture, indigne d'intérêt, sinon par ses produits utiles, et curieuse tout au plus pour le moraliste qui peut en tirer des discours d'édification et l'éloge du constructeur. Un poète n'avait rien à y prendre, et devait laisser là les bêtes, sans plus se soucier d'une carpe ou d'une vache, que d'une brouette ou d'un moulin. Une poule serait réduite à un réservoir d'oeufs, une vache un magasin de lait, un âne ne serait bon qu'à porter les herbes au marché.

**HIPPOLYTE TAINE**

# VII. De la Nécessité ou de l'Absence de Nécessité

Il n'est pas vrai que le ventre des hommes soit la cause finale de l'existence des bêtes.

**VOLTAIRE**


Détruire pour satisfaire ses plaisirs, cela est assurément cruel et injuste, puisque l'abstinence de ces choses ne nous empêcherait ni de vivre, ni d'être heureux. Si le meurtre des animaux et leur chair nous étaient aussi nécessaires pour vivre que l'air, l'eau, les plantes et les fruits sans lesquels nous ne pouvons pas vivre, la nature nous aurait mis dans la nécessité de commettre cette injustice.

**PORPHYRE**


Il n'y a aucune raison pour que nous fassions souffrir des millions d'êtres et que nous les immolions pour notre gourmandise où notre satisfaction puisque nous pouvons fort bien vivre justement sans massacrer des animaux innocents.

**FRANÇOIS BROUSSE**


Nous ne devons pas demeurer rigides dans notre compréhension de la foi et ainsi tout accepter aveuglement, comme le fait de tuer des êtres vivants. Il n'y a aucune obligation à tuer.

**GAMAL AL-BANNA**


Tu as défini l'homme comme « le roi des Animaux » ; moi par contre, je dirai que l'homme est « le roi des bêtes féroces » parmi lesquels tu es le plus grand. N'as-tu pas effectivement tué et mangé les animaux pour satisfaire les plaisirs de ton palais, te transformant toi-même en tombe pour tous ces animaux ? La nature ne produit-elle pas de la nourriture végétale en quantité suffisante pour te rassasier ?

**LÉONARD DE VINCI**

L'homme ne se soucie pas de la douleur d'un animal quand son plaisir est impliqué. Il pille la terre pour satisfaire ses appétits.

**CLARENCE DARROW**

La terre nous procure des richesses en abondance, d'immenses réserves d'aliments délicieux et pacifiques, elle nous offre des repas qui ne sont tachés ni de meurtre, ni de sang. Il n'appartient qu'aux animaux de se nourrir de chair: et encore pas tous puisque le cheval, la brebis et le boeuf se nourrissent d'herbes.

**PYTHAGORE**

Ô Combien faut-il d'heures de martyrs aux animaux pour donner à l'homme une seule minute de plaisir pour son palais !

**JEAN PAUL FRIEDRICH RICHTER**

Je crois que le progrès spirituel exige de nous que nous cessions de tuer les autres êtres vivants pour nos besoins corporels.

**MAHATMA GANDHI**

*A un homme partant pour la chasse :*
Oui, l'homme est responsable et rendra compte un jour
Sur cette terre où l'ombre et l'aurore ont leur tour
Sois l'intendant de Dieu, mais l'intendant honnête
Tremble de tout abus de pouvoir sur la bête
Ce gai chasseur, armant son fusil ou son piège
Confine à l'assassin et touche au sacrilège
Penser, voilà ton but ; vivre, voilà ton droit
Tuer pour jouir, non. Crois-tu donc que ce soit
Pour donner meilleur goût à la caille rôtie
Que le soleil ajoute une aigrette à l'ortie
Peint la mûre, ou rougit la graine du sorbier ?
Dieu qui fait les oiseaux ne fait pas le gibier
                              **VICTOR HUGO**


Le loup, le lion ou l'aigle tuent par nécessité,
L'humain par ignorance,
Et lorsqu'il se questionne, il le fait par plaisir !
                              **PHÉNIX**


Il n'est pas nécessaire d'être un spécialiste pour avoir et exprimer son opinion au sujet de la vivisection. Il n'est pas nécessaire d'être un scientifique ou un naturaliste pour détester la cruauté et aimer la pitié.
          **ROBERT GREEN INGERSOLL**


Ce qui ayant été remarqué par Lycurgue le
Lacédémonien, il fit des Réglements tels que, quoique
l'usage de manger des animaux fût déjà reçu, on ne fut
pas dans la nécessité de recourir à cette nourriture. Il

assigna à chaque citoyen une part, non pas en
troupeaux de bœufs, de brebis, de chèvres, de chevaux,
ou en argent, mais en terre, qui rapportait à chaque
homme soixante et dix mesures d'orge, douze à chaque
femme, et d'autres fruits à proportion. Il était persuadé
que ces aliments suffisaient pour se conserver en
parfaite santé, et que les hommes n'en avaient pas
besoin d'autres.

**PORPHYRE**

Contemple la différence entre
Celui qui mange et celui qui est mangé
L'un pour un instant aura le ventre plein
L'autre pour toujours aura perdu la vie
Il protégera autrui celui qui
De ceux qui savent à leur dernière heure
Mesure l'effroi et la douleur

**JAWA LE SAGE**

La terre me fournit tout, comme une mère donne du lait
à son enfant.

**PALLADE D'HÉLÉNOPOLIS**

Et puisque les physiologistes, puisque mieux encore,
notre expérience personnelle nous disent que cette
vilaine nourriture de chairs dépecées n'est pas
nécessaire pour entretenir notre existence, nous
écarterons tous ces hideux aliments qui plaisaient à nos
ancêtres, et qui plaisent encore à la majorité de nos
contemporains.

**ÉLISÉE RECLUS**

En tuant et torturant les bêtes, vous le faites sous un vain prétexte d'alimentation, vous répandez à pleines mains la mort et la peine parmi les hommes. Si vous désirez arrêter les guerres entre les peuples, commencer par arrêter la guerre envers l'animal. Abandonnez la cruauté carnivore, adoptez la douceur végétalienne*. Le végétal ne souffre pas; il se dilue dans l'âme collective de son espèce. L'animal souffre, il possède une âme autonome. Soyez les frères des animaux et les anges qui veillent à leur destinée.

**FRANÇOIS BROUSSE**

Si quelque jour se généralisait la certitude que l'homme peut se passer de la chair des animaux, il y aurait non seulement une grand révolution économique, car un bœuf, pour produire une livre de viande, consomme plus de cent livres de fourrage, il y aurait encore une amélioration morale probablement aussi importante et certainement plus sincère et plus durable que si l'Envoyé du Père revenait une seconde fois visiter notre terre pour réparer les erreurs et les oublis de son premier pèlerinage.

**MAURICE MAETERLINCK**

Vous avez le blé, les pommes qui pèsent
Sur les branches souples; vous avez le raisin qui gonfle
Dans les vignes vertes, et les herbes plaisantes, les légumes
Que la cuisson fait doux et tendres
La Terre est prodigue
De provisions et ses nourritures

Sont aimables ;
Elle dépose sur vos tables
Des choses qui ne réclament ni le sang ni la mort
Hélas, quelle méchanceté que de faire avaler de la chair par notre propre chair,
Que d'engraisser nos corps avides en y enfournant d'autres corps
Que de nourrir une créature vivante de la mort d'une autre

**OVIDE**

L'homme décadent, c'est bien connu, serait celui qui ne peut vivre non seulement qu'à jouir sans besoin, mais encore et surtout à jouir de ce dont il n'a pas besoin, c'est à dire à jouir de la mort des animaux.

**PLUTARQUE**

Celui qui pense que nous ne devrions point nous nourrir de la chair des bœufs, ni ôter la vie aux animaux pour satisfaire notre gourmandise, et pour parer nos tables, ne nous ôte rien de ce qui est nécessaire pour la vie ou utile pour la vertu.

**PORPHYRE**

Il suffit de voir comment notre populace en use avec les animaux, les tue sans aucune nécessité et en rient, ou les mutile ou les martyrise. Nous sommes vraiment tenté de dire : les hommes sont les démons sur Terre et les animaux leurs âmes tourmentées.

**ARTHUR SCHOPENHAUER**

L'homme mange de la viande sans y être poussé par la nécessité ou le manque de vivre puisqu'au fil des saisons il peut successivement moissonner, cueillir, engranger toutes sortes de végétaux et de céréales jusqu'à satiété ; mais le dégoût des nourritures naturelles et l'envie de plaisirs nouveaux le poussent à rechercher des aliments défendus, souillés par le meurtre des animaux, et il se montre alors bien plus cruel que les bêtes les plus féroces.

**PYTHAGORE**

Tout ce dont nous avons besoin pour nous nourrir, nous restaurer et nous régaler est abondamment pourvu dans le magasin inépuisable de la Nature. Quelle vision agréable, plaisante et innocente qu'une table frugalement servie, et quelle différence avec un repas composé de chair animale fumante et massacrée. En résumé, nos vergers offrent tous les délices imaginables, tandis que les abattoirs et les boucheries sont pleins de sang coagulé, et d'une abominable puanteur.

**JOHN RAY**

Nous tuons si facilement. Tuer un cerf parce que c'est la saison équivaut à tuer son voisin. On tue les animaux parce que l'on a perdu le contact avec la nature, avec les créatures qui vivent sur terre.

**JIDDU KRISHNAMURTI**

L'homme peut vivre et rester en bonne santé sans avoir besoin de tuer des animaux pour s'alimenter. Par conséquent, se nourrir de viande rend co-responsable de l'assassinat d'animaux perpétré juste pour satisfaire notre palais. Agir de cette façon est immoral. C'est un fait tellement simple qu'il n'est sans doute pas possible de ne pas être d'accord.
**LÉON TOLSTOÏ**

C'est donc par gloutonnerie que les hommes refusent la raison aux animaux.
**VOLTAIRE**

L'horreur que tout le monde éprouve sans doute pour les pires traitements imaginables, appliqués aux animaux, au profit prétendu de notre santé, – et celle-ci serait la pire chose que nous pussions posséder dans un monde sans coeur ! Cette horreur ne provoquerait-elle pas toute seule ce retour, ou bien faudrait-il commencer par nous montrer que cette « utilité » était erronée, sinon trompeuse, et qu'il s'agissait en vérité d'une vanité de virtuose ou de la satisfaction d'une curiosité stupide ? Attendrions-nous que la vivisection humaine fît de nouveaux sacrifices à « utilité » ?
**RICHARD WAGNER**

# VIII. Travailler sur les Causes des Causes

On me demande parfois: pourquoi dépensez-vous autant de votre temps et d'argent à parler de la bonté des animaux quand il y a tant de cruauté faite aux hommes? Je réponds: Je travaille à ses racines.
**GEORGE T. ANGELL**


Si vous avez des hommes qui excluent l'une des créatures de Dieu de l'abri de la compassion et de la pitié, vous aurez des hommes qui traitent de même avec leurs semblables.
**SAINT-FRANÇOIS D'ASSISE**


Les désirs de la nature déraisonnable, et de prétendues nécessités ont introduit l'injustice dans le monde. C'est de là qu'est venu l'usage de manger les animaux, afin, disait-on, de conserver la nature humaine, et de lui procurer ce dont elle a besoin. Mais la fin de l'homme devant être de ressembler à Dieu il ne peut y parvenir qu'en ne faisant tort à qui que ce soit. Celui qui est dominé par les passions, se contente pas seulement de nuire à ses enfants et à sa femme. Il méprise les autres devoirs, parce que la partie déraisonnable qui est en lui, tourne toute son attention vers les choses périssables, et il n'admire qu'elles. Celui au contraire qui est dominé par la raison, ne ferait tort ni au citoyen, ni à l'étranger ni à quelque animal que ce soit, parce qu'il maîtrise la partie raisonnable ; et plus il écoute la raison, plus il est semblable à Dieu.
**PORPHYRE**

Ma mère était convaincue, et j'ai gardé à cet égard ses convictions, que tuer les animaux pour se nourrir de leur chair et de leur sang est l'une des plus déplorables et des plus honteuses infirmités de la condition humaine. Elle croyait, et je crois comme elle, que ces habitudes d'endurcissement du cœur à l'égard des animaux les plus doux, ces immolations, ces appétits de sang, cette vue des chairs palpitantes, poussent les instincts du cœur à la cruauté et à la férocité.
**ALPHONSE DE LAMARTINE**


J'eus une révolte, mais une révolte furieuse; et puis tout à coup j'ouvris les yeux comme lorsque l'on s'éveille ; et je compris que Dieu est méchant. Il a fait les hommes qui s'entre-mangent. Et puis, comme les hommes deviennent meilleurs que lui, il a fait les bêtes pour voir les hommes les chasser, les égorger et s'en nourrir. Et tout ça s'entre-tue, s'entre-chasse, s'entre-dévore, et meurt sans cesse. Et le bon Dieu regarde et il s'amuse, car il voit tout, lui, les plus grands comme les plus petits, ceux qui sont dans les gouttes d'eau et ceux des autres étoiles. Il les regarde et il s'amuse.
**GUY DE MAUPASSANT**


L'injustice et la cruauté dont l'homme se rend coupable à l'égard des animaux sont les causes principales des souffrances de l'humanité ; elles entravent l'évolution universelle en perturbant les relations des individus entre eux et avec la nature.
**JEAN-ANTOINE GLEIZES**

*En tant que président de la première ligue contre la vivisection:*
La vivisection est un crime ! elle ne peut s'excuser que par des hypothèses, et l'hypothèse en pareille matière est effroyable. La science qui a servi de prétexte est coupable.
**VICTOR HUGO**


C'est la gourmandise qui a persuadé aux hommes que les animaux n'avaient point de raison.
**PORPHYRE**


Je ne vois aucun moraliste parmi nous, aucun de nos loquaces prédicateurs, aucun même de nos tartuffes, qui ait fait la moindre réflexion sur cette habitude affreuse. Ni parmi les moines, ni dans le concile de Trente, ni dans nos assemblées du clergé, ni dans nos académies, on ne s'est encore avisé de donner le nom de mal à cette boucherie universelle. On n'y a pas plus songé dans les conciles que dans les cabarets.
**VOLTAIRE**


On a commencé par couper l'homme de la nature, et par le constituer en règne souverain ; on a cru ainsi effacer son caractère le plus irrécusable, à savoir qu'il est d'abord un être vivant. Et en restant aveugle à cette propriété commune, on a donné champ libre à tous les abus. Jamais mieux qu'au terme des quatre derniers siècles de son histoire l'homme occidental ne put-il comprendre qu'en s'arrogeant le droit de séparer radicalement l'humanité de l'animalité, en accordant à l'une tout ce qu'il refusait à l'autre, il ouvrait un cercle maudit, et que la même frontière, constamment reculée, servirait à écarter des hommes d'autres hommes, et à revendiquer au profit de minorités toujours plus restreintes le privilège d'un humanisme corrompu aussitôt né pour avoir emprunté à l'amour-propre son principe et sa notion.

**CLAUDE LEVI STRAUSS**


La cruauté, la barbarie, la luxure, le crime sont issus du carnivorisme... le vrai, le beau, le bien naissent du végétalisme\*.

**JEAN MAVÉRIC**


Il maudit le jour où il a touché de ses lèvres la nourriture saignante, cela semble être son crime : la souillure par le meurtre.

**FRIEDRICH NIETZSCHE**


*Socrate et Glaucon concluent qu'une civilisation qui fait la guerre n'est pas végétalienne\*:*
« Si nous allons vers plus de luxe et d'inutilité nous aurons besoin d'un plus grand nombre de gens pourvus d'une charge : ne semble-t-il pas qu'on aura besoin de pédagogues, de nourrices, de bonnes d'enfants, d'esthéticiennes, de coiffeurs, et encore de fournisseurs de plats cuisinés et de bouchers ? Et nous aurons aussi besoin, en plus, de porchers. Tout cela nous ne l'avions pas dans la cité précédente, car il n'en était nul besoin, mais dans celle-ci on aura besoin de cela en plus. Et on aura aussi besoin de toutes sortes d'autres bestiaux,

pour ceux qui en mangent. N'est-ce pas ? »
_ « Oui, bien sûr. »
_ « Donc nous aurons aussi beaucoup plus besoin de médecins, en suivant ce régime, qu'avec le régime précèdent? »
_ « Oui, beaucoup plus. »
_ « Et le pays, lui, qui suffisait alors à nourrir les hommes d'alors, sera sans doute trop petit, au lieu d'être suffisant. N'est-ce pas ce que nous dirons ? »
_ « Si, c'est cela. » dit-il.
_ « Il nous faudra donc nous tailler une part du pays des voisins, si nous voulons avoir un territoire suffisant pour y faire paître et pour le labourer ; et eux, il leur faudra a leur tour tailler dans le nôtre, si eux aussi se laissent aller à une acquisition illimitée de richesses, en transgressant la borne de ce qui est nécessaire? »
_ « Tout a fait nécessairement »
_ « Nous ferons la guerre alors ? Ou bien en sera-t-il autrement ? »

**PLATON**


Nous ne sommes sensibles ni aux belles couleurs qui parent quelques uns de ces animaux, ni à l'harmonie de leurs chants, ni à la simplicité et à la frugalité de leur vie, ni à leur adresse et à leur intelligence; et, par une sensualité cruelle, nous égorgeons ces bêtes malheureuses, nous les privons de la lumière des deux, nous leur arrachons cette faible portion de vie que la nature leur avait destinée. Croyons-nous d'ailleurs que les cris qu'ils font entendre ne soient que des sons inarticulés, et non pas des prières et de justes réclamations de leur part ? Ne semblent-ils pas nous dire :

« Si c'est la nécessité qui vous force à nous traiter ainsi, nous ne nous plaindrons pas, nous ne réclamons que contre une violence injuste. Avez-vous besoin de nourriture ? égorgez-nous. Ne cherchez-vous que des mets plus délicats seulement pour votre plaisir ? laissez-nous vivre, et ne nous traitez pas avec tant de cruauté.»

**PLUTARQUE**

La première fois que l'Homme mangea la chair
innocente des Animaux :
Satan s'empara enfin des clefs de la Terre,
Et pu faire du Ciel, la prison de Dieu.

**PHÉNIX**

Voilà ce que nous apprend Dicéarque, lorsqu'il traite des mœurs des anciens Grecs, et qu'il fait l'histoire de l'heureuse vie des premiers temps, à laquelle contribuait beaucoup l'abstinence des viandes. Il n'y avait point de guerre parce que l'injustice était bannie de dessus la terre. Ensuite parut la guerre avec l'avidité et l'on commença à faire violence aux animaux. C'est pourquoi on ne peut être trop surpris de la hardiesse de ceux qui ont osé avancer que l'abstinence des animaux est la mère de l'injustice, puisque l'Histoire et l'expérience nous apprennent que, dès qu'on eut commencé à les tuer, le luxe, la guerre et l'injustice s'introduisirent dans le monde.

**PORPHYRE**

Le sang des animaux tués par toi
Forme une mare à tes pieds
Si de la sorte on atteint les destinés supérieures
Qu'est-ce donc qui conduit aux enfers ?
> **PROVERBE HINDOU**


Dans cet âge antique que nous avons appelé l'âge d'or, les mortels se contentaient du fruit des arbres et des plantes nées du sein de la terre. Le sang ne souillait pas leur bouche. Alors l'oiseau pouvait, sans danger, fendre les airs et le lièvre errer sans crainte dans les campagnes. Alors le poisson crédule n'allait pas se prendre à l'hameçon perfide. Nulle embûche, nulle fraude à redouter : partout une paix profonde. Mais celui là ouvrit une voie aux forfaits qui, cédant à un désir funeste, convoitant le sang des victimes offertes aux dieux, et engloutit des chairs dans le gouffre de son ventre. C'est sans doute du sang des bêtes sauvages que le fer fut rougi pour la première fois. C'était assez, dès lors on put sans crime donner la mort aux animaux qui menacent notre vie. Il fut permis de les tuer mais non de s'en nourrir. Bientôt, nous franchîmes ses limites. Le pourceau fut la première victime que l'on crut pouvoir immoler, parce qu'en bouleversant la terre, il détruisait les semences et ruinait l'espoir de l'année. Le bouc, qui avait attaqué la vigne, dut aussi être immolé sur l'autel de Bacchus. Ces deux animaux subirent ainsi le châtiment de leur faute. Mais vous, paisibles brebis, quel fut votre crime ?

> **PYTHAGORE**

L'habitude de la dévoration, la soif de sang, ont rendu féroce l'homme physique et éteint l'homme moral.
**CHARLES MENARD**


Désormais, il ne tuera plus l'agneau qui le regarde, ne dévorera plus sa chair. Car, comme pour venger la loi violée de la Nature, celle-ci empoisonna le corps qui l'engloutit, éveilla des passions funestes, de vaines croyances, la haine, le désespoir et le dégoût de tout, les germes de la misère, du crime, la maladie et la mort.
**PERCY BYSSHE SHELLEY**


Les premiers hommes à habiter la terre ne possédaient aucune arme et vivaient selon les lois de la nature, se nourrissant de céréales, de légumes et de fruits, en paix avec le reste du règne animal. Quand plus tard, pour se nourrir et se vêtir, l'homme se mit à tuer des bêtes, ces dernières peu à peu devinrent farouches, sachant par instinct que l'homme était devenu un tueur et qu'il n'était plus désormais un ami de la nature.
**CHEE SOO**


La même superficie de terre utilisée pour paître et nourrir du bétail pour produire la viande pour une personne, pourrait nourrir dix personnes avec ces végétaux ; si de plus nous la cultivions avec des lentilles, haricots en grains, ou petits pois, elle pourrait nourrir une centaine de personnes.
**ALEXANDER VON HUMBOLDT**

Ensuite notre orgueil nous a fait une âme à part, et nous a fait imaginer une forme substantielle pour les autres créatures. Cet orgueil humain demande ce que c'est donc que ce pouvoir d'apercevoir et de sentir, qu'il appelle âme dans l'homme, et instinct dans la bête.
**VOLTAIRE**


Or ces hommes, enfants ! pour apaiser leur faim
N'ont pas assez des fruits que Dieu mit sous leur main
Leur foule insatiable en un soleil dévore
Plus qu'en mille soleils les champs n'en font éclore
En vain comme des flots l'horizon écumant
Roule à perte de vue en ondes de froment
Par un crime envers Dieu dont frémit la nature,
Ils demandent au sang une autre nourriture
Dans leur cité fangeuse, il coule par ruisseaux !
Les cadavres y sont étalés en monceaux
Ils traînent par les pieds, des fleurs de la prairie
L'innocente brebis que leur main a nourrie
Et, sous l'œil de l'agneau, l'égorgeant sans remords,
Ils savourent ses chairs et vivent de sa mort !
Aussi le sang tout chaud dont ruisselle leur bouche
Leur rend le goût brutal et le regard farouche
De cruels aliments incessamment repus
Toute pitié s'efface en leurs cœurs corrompus
Et leur œil, qu'au forfait le forfait habitue
Aime le sang qui coule et l'innocent qu'on tue
**ALPHONSE DE LAMARTINE**


Un oiseau se mourrait, abbatu par un homme. Il volait si librement, sans peur, en un rythme aisé, magnifique. Et le fusil l'a arrêté. Quand il est tombé sur le sol, toute

vie l'avait quitté. Un chien l'a rapporté alors que l'homme ramassait d'autres oiseaux morts. Il causait avec son ami et semblait totalement indifférent. Sa seule affaire était de toucher le plus d'oiseaux possible et c'est tout.
On tue sur toute la terre. Ces merveilleux grands animaux de la mer, les baleines sont tuées par milliers. Le tigre et tant d'autres animaux sauvages sont maintenant des espèces en danger, mais le seul animal à craindre est l'homme.

**JIDDU KRISHNAMURTI**


La chasse aux animaux entraîne celle des humains. Les massacres quotidiens dans les abattoirs banalisent ceux sur les champs de bataille.

**ÉLISÉE RECLUS**


La gentillesse et la compassion envers tous les êtres vivants est le signe d'une société civilisée. Le racisme, les privations économiques, les combats de chiens, les combats de coqs, la tauromachie et les rodéos proviennent tous d'une même matrice déficiente: la violence.

**CESAR CHAVEZ**


Il y a un certain respect qui nous attache et un certain devoir d'humanité. Nous devons la justice aux hommes et la grâce et la bénignité aux autres créatures qui en peuvent être capables ; il y a quelque commerce entre elles et nous et quelques obligations mutuelles.

**MONTAIGNE**

# IX. De la Compassion et de la Douceur

La consommation de viande éteint le germe de la suprême compassion.

**BOUDDHA**

Jusqu'à ce qu'il étende le cercle de sa compassion à toutes les créatures vivantes, l'homme lui-même ne trouvera pas la paix.

**ALBERT SCHWEITZER**

Y a-t-il besoin de dire que ces créatures innocentes et en bonne santé sont faites pour l'amour de la vie, alors qu'elles sont recherchées pour être tuées par de misérables pécheurs vivant dans les boucheries ? Pour cette raison, ô monarque, ô Yudhishthir, sache que le refus de la viande est le plus grand refuge de la religion, du ciel, et du bonheur. S'abstenir de blesser est le plus grand des principes. Il est, là encore, la plus grande des pénitences. Il est également la plus grande des vérités parmi toutes les preuves d'affection. La viande ne peut pas être retirée de l'herbe ou du bois ou de la pierre. À moins qu'une créature vivante soit tuée, cela ne peut être réalisé. Donc, tu es dans la faute en mangeant de la chair.

**BHISHMA**

Les cathédrales sont belles
Et hautes sous le ciel bleu
Mais le nid des hirondelles
Est l'édifice de Dieu

**VICTOR HUGO**

En tuant des animaux pour les manger, l'homme réprime inutilement en lui-même la plus haute aptitude spirituelle qu'est la pitié envers des créatures vivantes comme lui et, en violant ainsi ses propres sentiments, il devient cruel. La consommation de chair animale est absolument immorale, puisqu'elle implique un acte contraire à la morale : la mise à mort.

**LÉON TOLSTOÏ**


L'animal doit être respecté, il ne doit jamais être tué pour le plaisir ou pour la nourriture. Cette vérité était bonne jadis pour les initiés seuls. Maintenant, à la fin de Kali Yuga, il faut que tout le monde participe, les initiés ne suffisent plus. Tant qu'il y aura des carnivores sur Terre, la nécessité inéluctable de la fin des temps se manifestera.

**FRANÇOIS BROUSSE**


Quiconque a entendu les cris d'un animal qu'on tue ne peut plus jamais manger de sa chair.

**CONFUCIUS**


Le don du dharma consiste à traiter équitablement esclaves et serviteurs, à obéir à la mère et au père, à user de libéralité envers les amis, connaissances, parents, brahmanes et ascètes et à ne pas tuer les animaux.

**ASHOKA**

Aimez les animaux, car Dieu leur a donné le principe de la pensée et une joie paisible. Ne la troublez pas, ne les tourmentez pas en leur ôtant cette joie, ne vous opposez pas au plan de Dieu. Homme, ne te dresse pas au-dessus des animaux ; ils sont sans péché, tandis qu'avec ta grandeur tu souilles la terre par ton apparition, laissant après toi une trace de pourriture ! Aimez les enfants, car eux aussi sont sans péché, comme les anges, ils existent pour toucher nos cœurs, les purifier, ils sont pour nous comme une indication. Malheur à qui offense un de ces petits.
**FIODOR DOSTOIOVSKI**


L'empathie pour le plus petit des animaux est l'une des vertues les plus nobles dont l'homme est doté et il s'agit du dernier stade du développement des sentiments moraux. En effet, c'est seulement lorsque nous nous préoccupons de la totalité des êtres sensibles que notre moralité atteint son plus haut niveau.
**CHARLES DARWIN**


Dieu veut que nous aidions les animaux, s'ils ont besoin d'aide. Toute créature dans la détresse a le même droit d'être protégée.
**SAINT-FRANÇOIS D'ASSISE**


Étant enfant, je fis bien des sauvetages d'animaux ; ils étaient nombreux à la maison, peu importait d'ajouter à la ménagerie. Les nids d'alouette ou de linotte me vinrent d'abord par échanges, puis les enfants comprirent que je prenais soin de ces petites bêtes ; cela les amusa eux-mêmes, et on me les donnait de bonne volonté. Les enfants sont bien moins cruels qu'on ne pense ; on ne se donne pas la peine de leur faire comprendre, voilà tout.

**LOUISE MICHEL**


Le meurtre d'une vache et le meurtre d'un homme sont les deux côtés d'une même médaille. La vache est un poème de compassion. Quand je vois une vache, je ne vois pas un animal qui doit être mangé. Elle est pour moi un poème de pitié. Je lui rends un culte et je défendrai devant le monde entier le culte qui lui est rendu. Je crois à la protection de la vache dans un sens beaucoup plus large que celui qu'on lui donne actuellement. La protection de la vache n'est pas simplement la protection de la vache. C'est la protection de toute vie, de tout ce qui dans le monde est faible et impuissant. La protection de la vache signifie la protection de toutes les créatures muettes créées par Dieu. Les espèces inférieures nous adressent un appel d'autant plus puissant qu'elles sont muettes. La protection de la vache signifie fraternité des hommes et des bêtes.

**MAHATMA GANDHI**


Les animaux ont une âme et les Hommes doivent les aimer et ressentir de la solidarité envers nos petits frères. Les animaux sont le fruit de la création du Saint Esprit et donc méritent le respect. Ils sont aussi proches de Dieu que les Hommes.

**JEAN PAUL II**

Quiconque est agréable envers les créatures de Dieu est agréable avec lui.

**MAHOMET**

La viande des animaux est comme la chair de nos propres enfants. Est-il besoin de dire que ces créatures innocentes et en bonne santé sont faites pour l'amour de la Vie ? Mais les voici recherchées pour être tuées par de misérables pécheurs vivants dans les boucheries ? Pour cette raison Ô monarque, Ô Yudhishthir, sache que le refus de la viande est le plus grand refuge de la religion du ciel et du bonheur. Ahimsa est le plus grand des principes. Il est, là encore, la plus grande des pénitences. Il est également la plus grande des vérités parmi toutes les épreuves de bienveillance.

**LE MAHÂBHÂRATA**

Mais vous, quelle fureur, quelle rage vous porte à commettre des meurtres, quand vous êtes rassasiés de biens et que vous regorgez de vivres ? Pourquoi mentez-vous contre la terre en l'accusant de ne pouvoir vous nourrir ? Comment osez-vous mêler avec leurs doux fruits le sang et le carnage ? Et après cela vous appelez bêtes féroces les dragons, les panthères et les lions, tandis que, souillant vos mains par des meurtres, vous ne vous montrez pas moins féroces qu'eux. Les autres animaux tuent pour vivre, et vous les égorgez pour vous livrer à vos cruelles délices.

**PLUTARQUE**

Pourquoi aimer les animaux ?
Parce qu'ils vous donnent tout, sans rien demander
Parce que contre le pouvoir de l'homme armé, ils sont sans défense
Parce qu'ils sont des enfants éternels
Parce qu'ils ne savent pas ce qu'est la haine ou la guerre
Parce qu'ils ne connaissent pas l'argent et qu'ils se consolent seulement avec un endroit pour échapper au froid
Parce qu'ils se font comprendre sans dire un mot
Parce que leur regard est aussi pur que leur âme
Parce qu'ils ne connaissent ni envie ni rancune
Parce que le pardon est encore naturel en eux
Parce qu'ils savent aimer avec loyauté et fidélité
Parce qu'ils vivent sans avoir une maison luxueuse
C'est pourquoi ils n'achètent pas l'amour
ils attendent juste ça
Et parce qu'ils sont nos compagnons, amis éternels, que rien ne pourra séparer
Parce qu'ils sont vivants
Pour ceci et mille autres choses, ils méritent notre amour

**MÈRE TERESA**

Tant qu'on a pas aimé un animal, une partie de notre âme reste endormie.

**ANATOLE FRANCE**

L'animal ne demande pas qu'on l'aide, il demande qu'on lui fiche la paix.

**THÉODORE MONOD**

Pourquoi la souffrance d'une bête me bouleverse-t-elle ainsi ? Pourquoi ne puis-je supporter l'idée qu'une bête souffre, au point de me relever la nuit, l'hiver, pour m'assurer que mon chat a bien sa tasse d'eau ? (…)
Pourquoi toutes les bêtes de la création sont-elles mes petites parentes ?
Pourquoi leur idée seule m'emplit-elle de miséricorde, de tolérance et de tendresse ? Pourquoi les bêtes sont-elles toutes de ma famille, comme les hommes, autant que les hommes ?
Pour moi, lorsque je m'interroge, je crois bien que ma charité pour les bêtes est faite de ce qu'elles ne peuvent parler, expliquer leurs besoins, indiquer leurs maux. Une créature qui souffre et qui n'a aucun moyen de nous faire entendre comment et pourquoi elle souffre, n'est ce pas affreux, n'est ce pas angoissant ?

**ÉMILE ZOLA**


Le monde animal, comme toute la création, est une manifestation de la puissance de Dieu, de sa sagesse et de sa bonté, et comme tel, mérite le respect de l'homme. Tout désir inconsidéré de tuer des animaux, toute inhumanité, toute cruauté ignoble envers eux doivent être condamnés.

**PIE XII**


Tuer les animaux pour son plaisir et par gourmandise, est absolument injuste et cruel. Si l'on veut s'appliquer à la plus grande perfection, on s'abstiendra de manger de tous les animaux.

**PORPHYRE**

Renoncez à tromper avec des gluaux les habitants de l'air
Ne poussez plus dans vos toiles le cerf effrayé par des plumes éclatantes
Ne cachez plus l'hameçon sous une insidieuse amorce
Ne les servez point sur votre table
Contentez vous des aliments que vous offre la nature
**PYTHAGORE**

Les animaux sont les anges de cette terre.
**PROVERBE PÉRUVIEN**

Ce que nous proposons c'est d'étendre le domaine du bonheur partout où respire un être capable de le goûter.
**JEREMY BENTHAM**

Une de mes fortes impressions d'enfance est d'avoir assisté à l'un de ces drames ruraux : égorgement d'un cochon, accompli par toute une population insurgée contre une bonne vieille, ma grande tante, qui ne voulait pas consentir au meurtre de son gras ami. De force la foule du village avait pénétré dans le parc à cochon ; de force elle emmenait la bête à l'abattoir rustique où l'attendait l'appareil d'égorgement, tandis que la malheureuse dame, affalée sur un escabeau, pleurait des larmes silencieuses.
**ÉLISÉE RECLUS**

Ce dont nous avons besoin est d'une morale infinie qui inclura aussi les animaux. La compassion atteindra sa

pleine mesure et profondeur lorsqu'elle comprendra
toutes les créatures et ne se limitera pas uniquement à
l'humanité.
### ALBERT SCHWEITZER


A travers le taillis de la nature énorme
Flairant l'éternité de son museau difforme
Là, dans l'ombre, à tes pieds, ton chien voit Dieu
### VICTOR HUGO


*Sur le fait de tendre la main :*
Les autres animaux ne sont-ils pas nos frères et sœurs
de Misère ?
### PHÉNIX


L'animal n'est pas l'alter ego de l'Homme, n'a pas
vocation à le devenir ; il n'en reste pas moins que nous
lui devons la pitié, le sentiment d'humanité.
### JEAN JACQUES ROUSSEAU


Oiseaux mes frères, vous devez beaucoup louer et
aimer votre créateur
Il vous a donné des plumes pour vous vêtir, des ailes
pour voler
Il a fait de vous ses plus nobles créatures
### SAINT-FRANCOIS D'ASSISE


Nous n'arrivons à avaler de la viande que parce que
nous ne réfléchissons pas à la cruauté et au péché que

nous commettons. Mais, une fois notre pitié éveillée, si nous persistons à tordre le cou à nos sentiments juste pour ne pas nous démarquer de ceux qui font de la Vie leur proie, c'est une offense à tout ce qu'il y a de bon en nous.
### RABINDRANATH THAKUR TAGORE

La compassion pour les animaux est si intimement liée à la bonté que l'on peut dire que quiconque est cruel envers les animaux ne peut être un homme bon.
### ARTHUR SCHOPENHAUER

Les animaux sont mes amis et je ne mange pas mes amis.
### GEORGE BERNARD SHAW

Je ne suis pas devenu végétalien* pour ma santé, je le suis devenu pour la santé des poulets.
### ISAAC BASHEVIS SINGER

De nos jours, nous ne pensons pas à l'amour que peut porter un homme à un animal ; nous rions. Mais si nous arrêtons d'aimer les animaux, ne serions nous pas forcer d'arrêter d'aimer les gens?
### ALEXANDRE SOLJENITSYNE

Ne commettez pas d'actions nuisibles et cachées qui font tort aux autres vies dans le but d'en profiter vous-même ; pratiquez les bonnes actions anonymement, sans demander quoi que ce soit en retour ; secourez de façon la plus large possible tous les êtres. Il ne faut point tuer les êtres vivants ni les enfermer pour vous nourrir de leur chair. Ne détruisez pas les insectes en hibernation, ne montez pas chercher les oeufs dans le nid des oiseaux. Pratiquez la bonté et la miséricorde.

**LE TAOÏSME**

Celui qui pour engraisser sa propre chair profite des animaux, comment peut-il pratiquer l'authentique compassion ?

**THIRUVALLUVAR**

Le chien est le seul être qui t'aime plus qu'il ne s'aime lui-même.

**FRITZ VON UNRUB**

Si quelqu'un aspire à une vie vertueuse, son premier acte doit être de s'abstenir de faire du mal aux animaux.

**LÉON TOLSTOÏ**

Il faut remonter jusqu'au pieux Porphyre, et aux compatissants pythagoriciens, pour trouver quelqu'un qui ne nous fasse pas honte de notre sanglante gloutonnerie.

**VOLTAIRE**

Ce qui fait le commun, entre nous et les autres animaux est notre capacité à souffrir. Ce qui en fait cet universel, est notre capacité à aimer, alors aimons mes amis, aimons les autres animaux comme nous même.
**PHÉNIX**

Qu'attendons-nous d'une religion ou d'une philosophie si nous en excluons la pitié et la compassion envers les animaux ?
**RICHARD WAGNER**

Je suis la voix de l'inarticulé
Par moi les muets parleront
Jusqu'à ce que l'oreille d'un monde aujourd'hui sourd
Soit forcée d'entendre
La plainte du faible qui restait sans voix
La même force qui a modelé l'homme Roi
A façonné le petit moineau
Le Dieu du Grand Tout
A donné une étincelle d'âme
Au monde porteur de poils ou de plumes
Et je suis véritablement le gardien de mon frère
Je veux lutter pour sa défense
Et élever ma voix
En faveur des bêtes et de l'oiseau
Jusqu'à ce que tout soit rétabli à travers le monde
**ELLA WHEELER WILCOX**

Si vous passez du temps avec les animaux, vous risquez de devenir une meilleur personne.
**OSCAR WILDE**

En prenant le Dharma pour refuge, je promet de ne plus nuire à aucun être.

**BOUDDHA**

Et puis il y a toujours pour moi cet aspect bouleversant de l'animal qui ne possède rien, sauf sa vie, que si souvent nous lui prenons. Il y a cette immense liberté de l'animal, vivant sans plus, sa réalité d'être, sans tout le faux que nous ajoutons à la sensation d'exister. C'est pourquoi la souffrance des animaux me touche à ce point, tout comme la souffrance des enfants.

**MARGUERITE YOURCENAR**

Ce fut ainsi, dans mes bras, qu'un matin Fanfan mourut, en me regardant. Il n'eut qu'une légère secousse, et ce fut fini, je sentis simplement son petit corps convulsé qui devenait d'une souplesse de chiffon. Des larmes me jaillirent des yeux, c'était un arrachement en moi. Une bête, rien qu'une petite bête, et souffrir ainsi de sa perte, être hanté de son souvenir à un tel point que je voulais écrire ma peine, certain de laisser des pages où l'on aurait senti mon coeur. Pourquoi m'être attaché si profondément ? Pourquoi avoir fraternisé avec lui comme on fraternise avec un être humain ? Pourquoi l'avoir pleuré comme on pleure une créature chère ? N'est-ce donc que l'insatiable tendresse que je sens en moi pour tout ce qui vit et tout ce qui souffre, une fraternité de souffrance, une charité qui me pousse vers les plus humbles et les plus déshérités ?

**ÉMILE ZOLA**

Je dois combattre la douleur d'autrui parce qu'elle est douleur comme la mienne. Je dois oeuvrer au bien des autres parce qu'ils sont comme moi, des êtres vivants.
**SHANTIDEVA**

On n'a pas deux cœurs, un pour les animaux et un pour les humains. On a un cœur ou on n'en a pas.
**ALPHONSE DE LAMARTINE**

# X. De la Justice et de l'Action

Étant allée un jour dans la montagne, Rabia Basri se vit rapidement entourée de plusieurs animaux sauvages ; des cerfs, des gazelles, des chèvres de montagne et des ânes sauvages s'étaient approchés d'elle pour l'examiner de près. Arrivant soudain sur les lieux, l'imam Hasan-al-Basri aperçut Rabia au milieu de ces animaux et se dirigea vers elle. Mais, à sa grande déception, les créatures des bois furent effrayées en l'apercevant et prirent aussitôt la fuite. Levant alors les yeux sur Rabia Basri, il lui demanda : « Pourquoi ces bêtes se sont elles enfuies en m'apercevant, alors qu'elles n'étaient pas du tout effrayées en votre seule présence ? »
La Sainte lui demanda de quoi avait été fait son repas du jour. Hasan-al-Basri lui répondit : « De la viande et du pain. » Rabia Basri conclut en lui disant :
« Ô, puisque vous mangez la chair de ces animaux, pourquoi ne vous fuiraient-ils pas ? »
**RABIA AL ADAWIYYA**

Du moins parmi les humains, les oppressés peuvent-ils résister à la ligue des oppresseurs, et, par la solidarité dans la révolte, par l'association dans les efforts, ont-ils déjà remporté maintes victoires ; mais que peuvent les animaux ? Il conviendrait donc, en l'absence d'un « accroissement graduel de l'intelligence et de la bonté chez leurs éleveurs et maîtres », de prendre parti pour les animaux et de les défendre activement, ces derniers ne le pouvant eux-mêmes, lier les luttes de tous les opprimés, et plus encore y lier le sort des animaux.
**ÉLISÉE RECLUS**

Il est clair que les animaux sont raisonnables, et que

quoique plusieurs d'entre eux n'aient qu'une raison imparfaite, ils n'en sont cependant pas absolument privés. S'il doit y avoir un commerce de justice entre tout ce qui est raisonnable, comme en conviennent ceux contre lesquels nous disputons, pourquoi n'observerions nous pas les lois de la Justice avec les animaux ?

**PORPHYRE**

Tant que les hommes massacreront les animaux, ils s'entre-tueront. Celui qui sème le meurtre et la douleur ne peut récolter la joie et l'amour.

**PYTHAGORE**

Tant que l'homme ne sera pas l'ami de l'animal, Dieu ne sera pas l'ami de l'homme.

**FRANÇOIS BROUSSE**

Les hommes font travailler les animaux, arrachent leur peau, vendent leur chair sans jamais se demander s'ils ont vraiment le droit de le faire. Certainement, si on demandait leur opinion aux animaux, ils se plaindraient de l'injustice et de la cruauté des humains. Mais les humains, eux, trouvent que c'est normal.

**OMRAAM MICKHAÊL AÏVANHOV**

Tout ce que les nazis ont fait aux juifs, nous le pratiquons aujourd'hui sur les animaux. Dans leur comportement avec les animaux, tous les hommes se comportent comme des nazis. Un jour, mes petits enfants nous demanderons : où étais-tu pendant l'holocauste des animaux ? Qu'as-tu fait contre ces crimes terrifiants ? Nous ne pourrons pas leur servir la même excuse une seconde fois que nous ne savions pas.

### ISAAC BASHEVIS SINGER

Ne mange pas injustement le poisson que la mer a rejeté, et ne désire pas comme nourriture la chair des animaux égorgés, ou le lait blanc des mères qui destinaient ce pur breuvage à leurs petits et non aux nobles dames. N'afflige pas les oiseaux confiants en prenant leurs œufs, car l'injustice est le pire des crimes. Épargne le miel que les abeilles ont durement recueilli de la fleur des plantes parfumées, car elles ne l'ont pas conservé pour qu'il puisse appartenir à d'autres, pas plus qu'elles ne l'ont amassé par générosité ou pour en faire don.

### AL-MA'ARRI

C'est à la souffrance qu'il faut déclarer la guerre, et vous parlez un langage universel, lorsque vous criez pitié et justice pour les bêtes.

### ÉMILE ZOLA

Le jour viendra peut-être où le reste de la création animale acquerra ces droits qui n'auraient jamais pu être refusés à ses membres autrement que par la main de la tyrannie. Les Français ont déjà découvert que la noirceur de la peau n'est en rien une raison pour qu'un être humain soit abandonné sans recours au caprice d'un bourreau. On reconnaîtra peut-être un jour que le nombre de pattes, la pilosité de la peau, ou la façon dont se termine le sacrum sont des raisons également insuffisantes pour abandonner un être sensible à ce même sort. Et quel autre critère devrait marquer la ligne infranchissable ? Est-ce la faculté de raisonner, ou peut-être celle de discourir ? Mais un cheval ou un chien adultes sont des animaux incomparablement plus rationnels, et aussi plus causants, qu'un enfant d'un jour, ou d'une semaine, ou même d'un mois. Mais s'ils ne l'étaient pas, qu'est-ce que cela changerait ? La question n'est pas : Peuvent-ils raisonner ? Ni : Peuvent-ils parler ? Mais : Peuvent-ils souffrir ?

**JÉRÉMY BENTHAM**


« Que m'importe la multitude de vos sacrifices? » dit le Seigneur.
« Je suis saturé de vos holocaustes de béliers, de la graisse de vos victimes ; le sang des taureaux, des agneaux, des boucs, je n'en veux point. Quand vous étendez les mains, je détourne de vous mes regards ; dussiez-vous accumuler les prières, j'y resterais sourd : vos mains sont pleines de sang. Lavez-vous, purifiez-vous, écartez de mes yeux l'iniquité de vos actes, cessez de mal faire.
Apprenez à bien agir, recherchez la justice ; rendez le bonheur à l'opprimé, faites don à l'orphelin, défendez la cause de la veuve. »

**LA BIBLE**


Pour nous, quand tous les loups et tous les vautours du monde approuveraient l'usage de la viande, nous ne conviendrions pas que ce fut une chose juste parce que l'homme ne doit point faire de mal, et doit s'abstenir de se procurer du plaisir par tout ce qui peut faire tort aux autres. Mais puisque nous en sommes sur la justice, que nos adversaires prétendent ne nous obliger qu'à l'égard de nos semblables, et nullement à l'égard des animaux, nous allons faire voir que les pythagoriciens ont raison de soutenir que toute âme qui est capable de sentiment et susceptible de mémoire, est en même temps raisonnable : ceci étant une fois démontré, il suit que les lois de la justice nous obligent à l'égard de tous les animaux.

**PORPHYRE**


Pourquoi ne suis-je pas mort, avant que d'avoir approché de mes lèvres une nourriture défendue ?
**EMPÉDOCLE**


Je vois un chat que l'on torture, un enfant que l'on bat, une femme que l'on maltraite, et si je suis assez fort pour l'empêcher, je l'empêcherai : je le dois à tous les faibles afin que désormais ils soient respectés.
**ÉLISÉE RECLUS**


Nous avons eu, à Paris, de veilles dames qui guettaient les savants vivisecteurs, et qui tombaient sur eux à coups d'ombrelles. Elles paraissaient fort ridicules. Mais s'imagine-t-on la révolte qui devait soulever ces pauvres âmes, à la pensée qu'on prenait des êtres vivants, pour les découper en petits morceaux ? Songez donc qu'elles les aiment, ces misérables animaux, et que c'est un peu comme si l'on coupait dans leur propre chair. Ce héros qui m'a écrit, qui s'est battu sans peur ni reproche, sans craindre de tuer ni d'être tué, appartient certainement à la grande famille de ces âmes fraternelles que l'idée de la souffrance exaspère, même chez les bêtes, surtout chez les bêtes, qui ne peuvent ni parler, ni lutter.

**ÉMILE ZOLA**

Pourquoi Caïn a-t-il tué Abel ? Parce que le doux Abel avait tué d'innocents agneaux sous prétexte de les offrir à l'Éternel. Il était donc couvert d'un crime rongeant comme un cancer. Si Abel, harmonieux végétalien*, eut fait une offrande de fruits au Seigneur, et non une offrande de sang, nul glaive n'aurait pu traverser son invisible auréole. Les attentats de l'homme contre l'homme sont rendus possible par les attentats de l'homme contre l'animal.

**FRANÇOIS BROUSSE**

Jamais je ne consentirai à sacrifier au corps humain la vie d'un agneau. J'estime que, moins une créature peut se défendre, plus elle a droit à être protégée par l'homme contre la cruauté de l'homme.

**MAHATMA GANDHI**

Aies le courage d'être sage ! Arrête de tuer les animaux ! Celui qui repousse le moment d'une vie droite est comme le paysan qui attend que le fleuve soit asséché pour le traverser.

**HORACE**

De quel droit mettez-vous des oiseaux dans des cages ?
De quel droit ôtez-vous ces chanteurs aux bocages
Aux sources, à l'aurore, à la nuée, aux vents ?
De quel droit volez-vous la vie à ces vivants ?
Homme, crois-tu que Dieu, ce père, fasse naître
L'aile pour l'accrocher au clou de ta fenêtre?
Ne peux-tu vivre heureux et content sans cela ?
Qu'est-ce qu'ils ont donc fait tous ces innocents-là
Pour être au bagne avec leur nid et leur femelle ?
Qui sait comment leur sort à notre sort se mêle ?
Qui sait si le malheur qu'on fait aux animaux
Et si la servitude inutile des bêtes
Ne se résolvent pas en Nérons sur nos têtes ?
Quand vous cadenassez sous un réseau de fer
Tous ces buveurs d'azur faits pour s'enivrer d'air
Tous ces nageurs charmants de la lumière bleue
Chardonneret, pinson, moineau franc, hochequeue
Croyez-vous que le bec sanglant des passereaux
Ne touche pas à l'homme en heurtant ces barreaux ?
Prenez garde à la sombre équité. Prenez garde !
Partout où pleure et crie un captif, Dieu regarde.
Ne comprenez-vous pas que vous êtes méchants ?
À tous ces enfermés donnez la clef des champs !
Aux champs les rossignols, aux champs les hirondelles
Les âmes expieront tout ce qu'on fait aux ailes
Respect aux doux passants des airs, des prés, des eaux !
Toute la liberté qu'on prend à des oiseaux
Le destin juste et dur la reprend à des hommes
Nous avons des tyrans parce que nous en sommes
Tu veux être libre, homme? Et de quel droit, ayant
Chez toi le détenu, ce témoin effrayant ?
Je t'admire, oppresseur, criant: oppression !
Le sort te tient pendant que ta démence brave
Ce forçat qui sur toi jette une ombre d'esclave

Et la cage qui pend au seuil de ta maison
Vit, chante, et fait sortir de terre la prison
### VICTOR HUGO


Quiconque s'abstient de tout ce qui est animé, et même des animaux qui ne sont pas utiles à la société, aura beaucoup plus de répugnance à faire tort à ses semblables et mieux il sera disposé vers les animaux en général, plus il conservera d'amitié pour les espèces particulières. Mais celui qui restreint les devoirs de la Justice à l'homme seul est toujours sur le point de commettre quelque injustice.
### PORPHYRE


Notre traitement à l'encontre des animaux sera un jour considéré comme barbare. Il ne peut pas y avoir de civilisation parfaite tant que l'homme ne se rendra pas compte que les droits de chaque créature vivante sont aussi sacrés que les siens.
### DAVID STARR JORDAN


Celui qui est cruel envers les animaux devient dur aussi dans ses relations avec les hommes. Nous pouvons juger le cœur d'un homme par sa manière de traiter les animaux.
### EMMANUEL KANT


N'ayez jamais peur de faire ce qui est juste, surtout si le bien-être d'une personne ou d'un animal est en jeu. Les punitions de la société sont faibles par rapport aux

blessures que nous infligeons à notre âme quand nous détournons le regard.
### MARTIN LUTHER KING JUNIOR

Vous ne pouvez jamais obtenir de la viande sans faire violence aux créatures douées du souffle de vie ; tuer ces créatures douées du souffle de vie vous mènera aux enfers ; abstenez vous donc de manger de la viande. Quiconque observe attentivement la provenance de la viande, la façon dont on attache et tue les créatures incarnées, doit s'abstenir de manger toute chair.
### LOI DE MANU

Nul homme qui tue, même un moineau ou quoi que ce soit de plus petit, n'agit pas avec mérites, et Allah le questionnera à ce sujet le jour du Jugement.
### MAHOMET

Au fond de ma révolte contre les forts, je trouve du plus loin qu'il me souvienne l'horreur des tortures infligées aux bêtes. J'aurais voulu que l'animal se vengeât, que le chien mordît celui qui l'assommait de coups, que le cheval saignant sous le fouet renversât son bourreau ; mais toujours la bête muette subit son sort avec la résignation des races domptées. Et plus l'homme est féroce envers la bête, plus il est rampant devant les hommes qui le dominent.
### LOUISE MICHEL

Un pays qui n'ose pas interdire la chasse à courre, les

combats de coqs ou les courses de taureaux a t-il le
droit de se prétendre civilisé ? On peut en douter.
**THÉODORE MONOD**


Les désirs de la nature déraisonnable, et de prétendues
nécessités ont introduit l'injustice dans le monde. C'est
de là qu'est venu l'usage de manger les animaux, afin,
disait-on, de conserver la nature humaine, et de lui
procurer ce dont elle a besoin. Mais la fin de l'homme
devant être de ressembler à Dieu il ne peut y parvenir
qu'en ne faisant tort à qui que ce soit. Celui qui est
dominé par les passions, se contente pas seulement de
nuire à ses enfants et à sa femme. Il méprise les autres
devoirs, parce que la partie déraisonnable qui est en lui,
tourne toute son attention vers les choses périssables, et
il n'admire qu'elles. Celui au contraire qui est dominé
par la raison, ne ferait tort ni au citoyen, ni à l'étranger
ni à quelque animal que ce soit, parce qu'il maîtrise la
partie raisonnable ; et plus il écoute la raison, plus il est
semblable à Dieu.
**PORPHYRE**


Être vegan\*, c'est être en désaccord ; être en désaccord
avec le monde d'aujourd'hui... La famine, la cruauté,
nous devons nous dresser contre ces choses-là. Le
véganisme\* est mon moyen de lutter, et je crois que
c'est un moyen puissant.
**ISAAC BASHEVIS SINGER**


Je crois que tant que les hommes ont respecté l'amitié,
et ont eu quelque sentiment pour ce qui avait du rapport

avec eux, ils ne tuaient pas même les animaux ; parce qu'ils les regardaient comme étant à peu près de même nature qu'eux : mais depuis que la guerre, les troubles, les combats se sont introduits dans le monde, personne n'a épargné son semblable ; c'est sur quoi il faut faire des réflexions. Quelque liaison que nous ayons avec les autres hommes, dès qu'ils se livrent à leur méchanceté pour faire tort aux autres, nous croyons être en droit de le châtier, et même de les exterminer. Il est aussi raisonnable de se défaire des animaux malfaisants et qui par leur nature ne cherchent qu'à nous détruire. Mais quant à ceux qui ne font aucun mal, et dont le naturel est doux, c'est une injustice que les tuer, comme il est injuste de tuer les hommes qui ne font aucun tort aux autres. Il me paraît qu'il suit de là que nous n'avons pas droit de tuer les animaux, parce qu'il y en a quelques-uns qui sont naturellement méchants, de même que le pouvoir que nous avons de tuer les hommes malfaisants, ne nous donne pas de droit sur la vie des honnêtes gens.

**PLUTARQUE**

Il n'y a aucun sens à ce que les carnivores parlent d'éthique, de justice et de miséricorde, car leur existence même est une parodie de ces choses. Cela me rend indigne et triste d'entendre des humains déplorer le pêché et parler de justice, d'amour et de miséricorde quand l'énergie même qu'ils dépensent à prêcher la justice et la miséricorde provient des squelettes et de la sensibilité de leurs semblables.

**J. HOWARD MOORE**

Ceux qui suivent le sentier spirituel ne doivent jamais oublier, que si ils consomment de la chair, ils devront payer ce geste de leur propre chair.
**MIKHAIL NAIMY**

N'est-il pas déraisonnable, quand bien même nous serions obligés de faire la guerre à quelques animaux, de ne point vivre en paix avec ceux qui ne nous font point de tort, de n'observer la justice à l'égard d'aucun, et d'user de violence envers tous ?
**PORPHYRE**

Toute persécution et vengeance entre l'homme et l'homme, et toute cruauté envers les animaux, est une violation du devoir moral.
**THOMAS PAINE**

Il est préférable d'être donné en pâture aux bêtes que de faire de soi-même la tombe d'autres créatures.
**PALLADE D'HÉLÉNOPOLIS**

Je ne pourrais tuer ni un bœuf ni une poule et surtout pas un agneau ; si moi-même je ne peux pas faire ces choses-là sans blesser mes bons sentiments, je me refuse aussi de les faire faire par d'autres personnes, blessant ainsi leurs sentiments.
**SIR ISAAC PITMAN**

Impossible d'appréhender son traitement de la vie en commun avec les animaux sans le mettre en relation avec un farouche désir d'émancipation pour toutes et tous.

**ÉLISÉE RECLUS**

Celui qui tue des animaux et leur inflige des douleurs inutiles, comme les hommes le font dans les abattoirs, sera tué de la même manière dans ses prochaines vies. Un tel péché ne sera jamais excusé. Celui qui tue professionnellement des milliers d'animaux afin de procurer de la nourriture animale aux autres hommes, doit s'attendre à mourir de manière similaire de vie en vie.

**SRILA PRABHUPADA**

Un seul oiseau est en cage et la liberté est en deuil.

**JACQUES PRÉVERT**

L'homme n'est moral que lorsque la vie en soi, celle de la plante et de l'animal aussi bien que celle des humains, lui est sacrée, et qu'il s'efforce d'aider dans la mesure du possible toute vie se trouvant en détresse.

**ALBERT SCHWEITZER**

L'homme blanc ne peut avoir aucun droit, en vertu de sa couleur, à réduire en esclavage et à tyraniser l'homme noir. Pour la même raison, un homme ne peut avoir de droit naturel à maltraiter ou tourmenter une bête. Que nous marchions sur deux jambes ou quatre

pattes, que notre tête soit tournée vers la terre ou redressée, que nous soyons nu ou couvert de poils, que nous ayons une queue ou non, des cornes ou non, des oreilles longues ou rondes ; ou que nous brayions comme un âne, parlions comme un homme, sifflions comme un oiseau, ou que nous soyons muet comme un poisson, la nature n'a jamais voulu ces distinctions comme des fondations pour le droit de tyrannie et d'opresssion.
**HUMPHREY PRIMATT**

Tout le mal que l'homme fait aux animaux retombe sur l'homme.
**PYTHAGORE**

Le monde n'est pas une fabrique et les animaux ne sont pas des produits à l'usage de nos besoins. Plus que la miséricorde, nous devons aux animaux la justice.
**ARTHUR SCHOPENHAUER**

Je ne dis pas que chaque homme vivant de manière végétalienne* soit juste mais que celui qui ne vit pas de manière végétalienne* se comporte de manière injuste
**MAGNUS SCHWANTJE**

Si nous traitons ainsi les animaux sans défense dans le but de faire bonne chair, comment pouvons-nous espérer atteindre dans ce bas-monde la paix dont nous sommes soi-disant si avides ?
**GEORGE BERNARD SHAW**

Tant que les êtres humains continueront à répandre le sang des animaux, il n'existera pas de paix dans le monde. La distance qui existe entre la création des chambres à gaz à la Hitler et les camps de concentration à la Staline n'est que d'un pas, car tous ces actes ont été perpétrés au nom d'une justice sociale et il n'y aura aucune justice tant que l'homme empoignera un couteau ou un pistolet pour détruire des êtres plus faibles que lui.

**ISAAC BASHEVIS SINGER**

L'essence de la Justice consiste, à faire dominer ce qui n'a point de raison par la partie raisonnable, de sorte que ce qui n'a point de raison, obéisse à ce qui en a, moyennant quoi l'homme ne fera jamais tort à qui que ce soit. Car dès que les passions seront retenues, les désirs réprimés, la colère calmée, la raison prendra le dessus: pour lors, l'homme ressemblera à ce qu'il y a de plus parfait. Or ce qui est parfait ne fait tort à rien. Il se sert de sa puissance pour conserver les autres êtres, pour leur faire du bien.

**PORPHYRE**

Nous avons tort d'imiter les animaux si nous leur sommes supérieurs.

**LÉON TOLSTOÏ**

Les âmes des bêtes égarées rôdent dans les airs. Elles se mêlent aux éléments, surexcitent les électricités, gonflent les énergies et vomissent l'enfer sur les hommes. Dans les vagues qui hurlent autour des matelots, dans les typhons qui ravagent les peuples, dans les tremblements de terre qui dévorent les villes, dans les laves et les flammes ricanent sinistrement les animaux massacrés. Ils se vengent. La cuisine et le laboratoire fabriquent sans arrêt des hordes de démons. Quand l'humanité se décidera t-elle à en prendre conscience ?

**FRANÇOIS BROUSSE**


Si la justice juge coupable les gens qui défendent les animaux innocents, comment devrait-elle juger ceux qui exploitent, asservissent et tuent les animaux sans nécessité ?

**PHÉNIX**


Ceux qui disent que c'est détruire la Justice que de l'étendre jusqu'aux bêtes, non seulement n'ont pas de vraies idées de la Justice, mais ne travaillent que pour le plaisir, qui est l'ennemi capital de la Justice. Car dès que le plaisir est la fin de nos actions, il ne peut plus y avoir de Justice.

**PORPHYRE**


Les animaux sont encore plus misérables que nous : assujettis aux mêmes maladies, ils sont sans aucun secours ; nés tous sensibles, ils sont dévorés !

**VOLTAIRE**

L'émancipation de l'homme contre la cruauté et l'injustice apportera avec elle en temps voulu l'émancipation des animaux aussi. Ces deux réformes sont inséparablement liées, et aucune ne peut être pleinement réalisée seule.
### HENRI SHAKESPEAR STEVENS SELL

*En parlant du grand Zarathoustra :*
Il combattit les sacrifices d'animaux, du fait de sa conviction qu'eux aussi possédaient une âme.
### LE ZOROASTRISME

Dieu ne nous a pas fait de façon que pour travailler à notre conservation nous fussions obligés de faire tort aux autres : ou il aurait mis chez nous un principe d'injustice. Ceux-là ne me paraissent pas avoir une véritable idée de la justice, qui enseignent qu'on ne doit l'observer que pour maintenir la société entre les hommes : autrement on n'entendrait par Justice que l'amour pour le genre humain ; mais elle consiste à ne faire aucun tort à ce qui ne nous nuit pas, de sorte qu'il faut l'étendre à tout ce qui est animé.
### PORPHYRE

Il nous tarde de ne plus entendre les voix bêlantes des moutons, les mugissements des vaches, les grognements et les cris stridents des porcs qu'on mène à l'abattoir ; nous aspirons au temps où nous ne passerons plus en courant, pour abréger la hideuse minute, devant un lieu de tuerie aux ruisseaux sanguinolents, aux rangées de crocs aigus où pendent

des cadavres, au personnel taché de sang, armé d'hideux couteaux.
**ÉLISÉE RECLUS**

La cause des animaux passe avant le souci de me ridiculiser.
**ÉMILE ZOLA**

Soyons subversifs. Révoltons-nous contre l'ignorance, l'indifférence, la cruauté, qui d'ailleurs ne s'exercent si souvent contre l'homme parce qu'elles se sont fait la main sur les bêtes. Rappelons-nous, s'il faut toujours tout ramener à nous-même, qu'il y aurait moins d'enfants martyrs s'il y avait moins d'animaux torturés, moins de wagons plombés amenant à la mort les victimes de quelconques dictatures, si nous n'avions pris l'habitude des fourgons où les bêtes agonisent sans nourriture et sans eau en attendant l'abattoir.
**MARGUERITE YOURCENAR**

# XI. De la Responsabilité Universelle de l'Education

Les premiers sentiments auxquels il faut exercer l'âme des enfants, et sur lesquels il est utile de l'arrêter, sont la pitié pour l'homme et pour les animaux, une affection habituelle pour ceux qui nous ont fait du bien et dont les actions nous en montrent le désir; affection qui produit la tendresse filiale et l'amitié. La pitié pour les animaux a le même principe que pour les hommes. L'un et l'autre naissent de cette douleur irréfléchie et presque organique, produite en nous par la vue ou par le souvenir de souffrances d'un autre être sensible. Si l'on habitue un enfant à voir souffrir les animaux avec indifférence ou même avec plaisir, on affaiblit, on détruit en lui, même à l'égard des hommes, le germe de la sensibilité naturelle, premier principe actif de toute moralité comme de toute vertu, et sans lequel elle n'est plus qu'un calcul d'intérêt, qu'une froide combinaison de la raison. Gardons-nous donc d'étouffer ce sentiment dans sa naissance; conservons-le comme une plante faible encore, qu'un instant peut flétrir et dessécher pour jamais. N'oublions pas surtout que dans l'homme occupé de travaux grossiers qui émoussent sa sensibilité et le ramènent aux sentiments personnels, l'habitude de la dureté produit cette disposition à la férocité qui est le plus grand ennemi des vertus et de la liberté du peuple, la seule excuse des tyrans, le seul prétexte spécieux de toutes les lois inégales.

**NICOLAS DE CONDORCET**


Quel homme se portera jamais à en blesser un autre lorsqu'il se sera accoutumé à traiter avec bonté des animaux qui lui sont si étrangers?

**PLUTARQUE**

*« Tu ne tueras point »* :
Ce commandement interprété sans détour aboutit au véganisme\*. Il ne faut tuer ni homme ni animal : condamnation des guerres, des révolutions, de la peine de mort, des nourritures carnivores.

**FRANÇOIS BROUSSE**


Si vous étiez convaincus qu'en donnant de la viande à vos enfants, vous leur communiquiez tous les vices, vous arrêteriez cette main malfaisante, et vous aimeriez mieux qu'elle se desséchât, plutôt que de lui faire exécuter un tel acte.

**FRANCIS BACON**


C'est horrible ! Horribles sont, non pas les souffrances et la mort des animaux, mais le fait que l'homme, sans aucune nécessité, fait taire en lui son sentiment élevé de sympathie et de compassion à l'égard des êtres vivants comme lui et devient cruel en se faisant violence. Et combien est profonde dans le coeur de l'homme la défense de tuer l'être vivant ! Mais l'exemple, l'encouragement de la voracité chez l'homme, l'affirmation que cela est admis par Dieu et surtout l'habitude conduisent les hommes à la perte complète de ce sentiment naturel. S'il cherche sérieusement et sincèrement la voie morale, la première dont l'homme se privera sera la nourriture animale ; car son usage est tout simplement immoral, car il exige une action contraire au sentiment de moralité : l'assassinat et il n'est provoqué que par la gourmandise, la voracité.

**LÉON TOLSTOÏ**

L'islam demande que nous pensions et agissions de façon positive envers les animaux qui ont leurs propres droits, en ne les jugeant pas selon nos critères humains et nos échelles de valeurs.
**AHMAD MASRI AL-HAFIZ BASHEER**


L'acheteur de la chair réalise l'himsâ (= la violence) par sa richesse ; le tueur réalise l'himsâ en attachant et en tuant l'animal ; celui qui mange la chair réalise himsâ à son tour en appréciant sa saveur. Ainsi, il existe trois formes de mise à mort : celui qui apporte, achète et vend la chair, celui qui entrave, attache, découpe et tue, et celui qui cuisine et mange la chair. Tous ces éléments sont à considérer comme des mangeurs de viande.
**BHISHMA**


Quand la victime animale nous regarde
Ne détournons pas les yeux
Car, c'est en chaque pas fait d'indifférence
Qu'une vie innocente est volée
Et qu'un fragment de notre Amour se brise à jamais
**PHÉNIX**


Ici vous êtes confrontés à l'enseignement de Dieu, lequel vous contraint non seulement à vous abstenir d'infliger une souffrance à quelque animal, mais à l'aider et, quand vous le pouvez, à diminuer la souffrance lorsque vous voyez un animal souffrant, même si cela n'est pas de votre faute.
**SAMSON RAPHAËL HIRSCH**

Jadis, le fait de croire que les hommes de couleur étaient vraiment des hommes et devaient être traités humainement passait pour une folie. Aujourd'hui, on considère comme exagéré de prétendre qu'un des devoirs imposés par l'éthique rationnelle est de respecter ce qui vit, même dans ses formes inférieures. Mais un jour, on s'étonnera qu'il ait fallu autant de temps à l'humanité pour admettre que des déprédations insouciantes causées à ce qui vit sont incompatibles avec l'éthique.

**ALBERT SCHWEITZER**


Il faut respecter toute forme de vie, donc l'animal, non pas parce qu'il est comestible ou divertissant ou utile ou amusant à poursuivre et à massacrer, mais parce qu'il existe.

**THÉODORE MONOD**


Ceux qui pour répondre aux exemples tirés de diverses nations que nous avons rapporté, nous opposent les Nomades, les Troglodites, les Icthiophages, ne savent pas que c'est par nécessité que ces peuples en sont venus à manger de la chair : leur pays ne produisait aucun fruit, et était si stérile, qu'on n'y voyait pas même de l'herbe ; ce n'était que des sables. Une preuve sensible de la méchanceté de leur terrain, c'est qu'ils ne pouvaient pas faire de feu, faute de matière combustible. Ils mettaient leurs poissons à sécher sur des pierres et sur le rivage. Ce fut donc par nécessité qu'ils mangèrent des animaux. Mais vous est-ce par nécessité que vous le faites ?

**PORPHYRE**

Les personnes qui aiment véritablement les animaux demandent toujours leurs noms.
## LILIAN JACKSON BRAUN

Il est impossible d'atteindre l'illumination tant qu'on est carnivore. Etre carnivore c'est se relier au réseau de cruauté qui torture et détruit les animaux, ces créations de Dieu. Nous pactisons alors avec des forces rétrogrades qui veulent augmenter la souffrance et de la dégradation morale de l'univers. Les carnivores, avec leur lourde charge d'incompréhension et de férocité, sont incapables de boire au breuvage divin de l'illumination. Il est impossible à un véritable maître d'être carnivore. Tous ceux qui prétendent être des maîtres, des guides ou simplement des instruments de la spiritualité et qui s'obstinent à observée une nourriture carnée se trompent terriblement ! Ils se mentent à eux mêmes et mentent aux autres !
## FRANÇOIS BROUSSE

Que tout ce qui est vivant soit libéré de la souffrance.
## BOUDDHA

J'avais un agneau qu'un paysan de Milly m'avait donné, et que j'avais élevé à me suivre partout comme le chien le plus tendre et le plus fidèle. Nous nous aimions avec cette première passion que les enfants et les jeunes animaux ont naturellement les uns pour les autres. Un jour, la cuisinière dit à ma mère, en ma présence :
« Madame, l'agneau est gras, voilà le boucher qui vient

le demander ; faut-il le lui donner ? »
En entendant ces mots, je me précipitai sur l'agneau, demandant ce que le boucher voulait en faire et ce qu'était un boucher. La cuisinière me répondit que c'était un homme qui tuait les agneaux, les moutons, les petits veaux et les belles vaches pour de l'argent.
Je ne pouvais pas le croire. Je priai ma mère. J'obtins facilement la grâce de mon ami. Quelques jours après, ma mère allant à la ville me mena avec elle et me fit passer comme par hasard dans la cour d'une boucherie. Je vis des hommes, les bras nus et sanglants, qui assommaient un bœuf ; d'autres qui égorgeaient des veaux et des moutons, et qui dépeçaient leurs membres encore pantelants. Des ruisseaux de sang fumaient çà et là sur le pavé. Une profonde pitié mêlée d'horreur me saisit. Je demandai à passer vite. L'idée de ces scènes horribles et dégoûtantes, préliminaires obligés d'un de ces plats de viande que je voyais servis sur la table, me fit prendre la nourriture animale en dégoût et les bouchers en horreur.
**ALPHONSE DE LAMARTINE**


J'ai très tôt renoncé à la viande et le jour viendra où les hommes, comme moi, regarderont le meurtre des animaux comme ils regardent maintenant le meurtre de leurs semblables.
**LÉONARD DE VINCI**


Le christ est avec les bêtes avant d'être avec nous.
**FIODOR DOSTOIOVSKI**

Il n'est pas plus permis de manger des animaux que des hommes.

**PORPHYRE**

Il chercha à inculquer à tous l'unité de tout ce qui vit, expliquant que manger de la chair est une sorte d'autophagie, le meurtre de ce qui nous est proche. Tout ce qui vit est un, les hommes, les dieux et les bêtes.

**EMPÉDOCLE**

Nous pouvons juger de la grandeur d'une nation par la façon dont elle traite les animaux.

**MAHATMA GANDHI**

L'aspect carnivore de l'homme n'est pas tenu pour acquis ou loué dans les enseignements fondamentaux du judaïsme. Les rabbins du Talmud ont précisé que les hommes étaient végétaliens* dans les temps les plus reculés, entre la Création et la génération de Noé. Une pléiade de dirigeants rabbiniques et de maîtres spirituels ont confirmé que le véganisme* est le sens ultime de l'enseignement moral juif. Ils ont proclamé la liberté de toutes les autres créatures vivantes comme valeur que notre tradition religieuse doit apprendre à tous ses fidèles.

**ISAAC HERZOG**

Bénies soient les nations qui traitent les animaux dignement et favorablement, et qui compatissent à leur misères, et à leurs douleurs, mais maudites soient les nations qui les traitent cruellement, qui les tyrannisent, qui aiment à répandre leur sang, et qui sont avides de manger leurs chairs.

**JEAN MESLIER**

*Dieu à donné à Noé sept lois représentant l'alliance éternelle :*
Reconnaitre Dieu comme puissance suprême, ne pas être idolâtre, ne pas tuer, ne pas voler, instituer des tribunaux équitables, ne pas avoir de relations interdites et ne pas manger d'animal vivant.

**LES 7 LOIS DE NOÉ**

La cruauté envers les animaux est la violation d'un devoir de l'homme envers lui-même.

**EMMANUEL KANT**

Vous ne serez jamais, et dans aucune circonstance, tout à fait malheureux si vous êtes bon envers les animaux.

**VICTOR HUGO**

*Regardant des poissons dans les yeux :*
Maintenant je peux vous observer en paix : je ne vous mange plus.

**FRANZ KAFKA**

L'effet de la connaissance se propage même aux animaux, les sacrifices dans le Temple seront composés

de végétaux, et ils seront agréables à Dieu comme au temps jadis.
### ABRAHAM ISAAC KOOK

Le long d'un clair ruisseau buvait une Colombe
Quand sur l'eau se penchant une Fourmi y tombe
Et dans cet océan l'on eût vu la Fourmi
S'efforcer, mais en vain, de regagner la rive
La Colombe aussitôt usa de charité
Un brin d'herbe dans l'eau par elle étant jeté
Ce fut un promontoire où la Fourmi arrive
Elle se sauve ; et là-dessus
Passe un certain Croquant qui marchait les pieds nus
Ce Croquant, par hasard, avait une arbalète
Dès qu'il voit l'Oiseau de Vénus
Il le croit en son pot, et déjà lui fait fête
Tandis qu'à le tuer mon Villageois s'apprête
La Fourmi le pique au talon
Le Vilain retourne la tête
La Colombe l'entend, part, et tire de long
Le soupé du Croquant avec elle s'envole
Point de Pigeon pour une obole
### JEAN DE LAFONTAINE

Je suis en faveur des droits des animaux autant que des droits de l'homme. C'est le chemin d'un être humain complet.
### ABRAHAM LINCOLN

Nous devons apprendre à respecter la vie sous toutes ses formes : il ne faut détruire sans raison aucune de ces herbes, aucune de ces fleurs, aucun de ces animaux qui sont tous, eux aussi, des créatures de Dieu.

**THÉODORE MONOD**

Si vous vous obstinez à soutenir que la Nature vous a faits pour manger la chair des animaux, égorgez-les donc vous-mêmes, je dis de vos propres mains, sans vous servir de coutelas, de massue ou de hache. Faites comme les loups, les ours et les lions, qui a mesure qu'ils mangent tuent leur victime. Mordez, déchirez à belles dents ce bœuf, ce pourceau, cet agneau ou ce lièvre ; mettez-les en pièces, et comme ces bêtes féroces, dévorez-les tout vivants. Si, pour les manger, vous attendez qu'ils soient morts et que vous ayez horreur d'égorger un être vivant, pourquoi donc, outrageant la nature, vous nourrissez-vous d'un être animé ? Pourquoi, après même qu'il est mort, ne le mangez-vous pas tel qu'il est ?
Ne serait-ce que pour enseigner la bienveillance à l'humanité, nous devrions avoir de la pitié pour les autres créatures.

**PLUTARQUE**

Et quand bien même, une telle conduite n'aurait aucun autre résultat, au moins y gagnerions-nous beaucoup quant à l'arrêt mutuel des hostilités. Car ceux dont la sensibilité à refuser de toucher aux autres espèces de vivants, il est bien évident que l'intellect s'abstiendra de vouloir toucher aux membres de l'espèce.

**THEOPHRASTE**

Manger un animal est tout aussi toxique que la pratique païenne consistant à vénérer des diables par des sacrifices et des fêtes impures. En participant à de telles pratiques, l'homme partage le repas des diables.
### **L'APÔTRE SAINT-PIERRE**

Ne pas faire du corps un cimetière.
### **PROVERBE RASTAFARAI**

Une compassion sans bornes qui nous unit avec tous les êtres vivants, voilà le plus solide, le plus sûr garant de la moralité : avec elle, il n'est pas besoin de casuistique. Qui la possède, sera bien incapable de causer du dommage à personne, de violenter personne, de faire du mal à qui que ce soit ; mais plutôt pour tous il aura de la longanimité, il pardonnera, il aidera de toutes ses forces, et chacune de ses actions sera marquée au coin de la justice et de la charité.
### **ARTHUR SCHOPENHAUER**

Comment apprendre l'amour à un enfant si de sa main gauche vous lui faite caresser un animal et de sa main droite vous lui dite de le manger ?
### **PHÉNIX**

Ne semble t-il pas qu'il y a là un moyen admirable de faire naitre l'habitude d'une conduite bienveillante à l'égard des hommes? En effet, qui pourrait commettre une injustice à l'encontre d'un homme alors qu'envers les êtres étrangers à son espèce, il se comporte avec douceur et humanité?
### **PLUTARQUE**

Ce sera un grand progrès dans l'évolution de la race humaine quand nous mangerons des fruits et que les carnivores disparaîtront de la Terre. Tout sera faisable sur cette Terre à partir du moment où nous viendrons à bout des repas de viande et des guerres.
**GEORGE SAND**


L'homme primitif dévorait ses semblables. L'homme actuel mange les animaux. L'homme futur se nourrira de végétaux.
**FRANÇOIS BROUSSE**


Chaque fois qu'un animal est contraint à servir l'homme, les souffrances qu'il subit nous regardent tous. Je suis convaincu que nous devrions nous impliquer pour épargner les animaux, renoncer totalement à la consommation de viande et parler aussi contre cela. C'est ce que je fais.
**ALBERT SCHWEITZER**


Tout ce verbiage sur la dignité, la compassion, la culture ou la morale semble ridicule lorsqu'il sort de la bouche même de ceux qui tuent des créatures innocentes, pourchassent des renards que leurs chiens ont épuisés, ou même encouragent l'existence des combats de taureaux et des abattoirs. Toutes ces explications, selon lesquelles la nature est cruelle et donc nous sommes en droit d'être cruels, sont hypocrites. Rien ne prouve que l'homme soit plus important qu'un papillon ou qu'une vache. Je considère le fait d'être devenu végan* comme la plus grande

réussite de ma vie. Je ne prétends pas sauver beaucoup d'animaux de l'abattoir, mais mon refus de manger de la viande est une protestation contre la cruauté. Personnellement, je ne crois pas qu'il puisse y avoir de paix dans ce monde tant que les animaux seront traités comme ils le sont aujourd'hui.
## ISAAC BASHEVIS SINGER

Nous avons renoncé à la chaire animale pour adopter la pensée pythagoricienne.
## MARY SHELLEY

Au nom de tout ce qui est sacré dans nos espoirs en la race humaine, je conjure ceux qui aiment le bonheur et la vérité d'adopter sincèrement le régime végétalien*.
## PERCY SHELLEY

Puisque vous savez déjà avec quelle ardeur j'ai abordé l'étude de la philosophie pendant ma jeunesse, je ne vous cache pas l'admiration que les préceptes de Pythagore m'ont inspirée. Sodon, et après lui Sextus, résolurent tous deux de s'abstenir de la chair des animaux. Ils le firent pour des raisons différentes, mais également nobles. Sodon pense que l'homme peut se satisfaire largement sans verser le sang des animaux. « Une fois la pratique du meurtre alimentaire devenue habituelle » dit-il, « pour la satisfaction de l'appétit, la brutalité passera en même temps dans nos moeurs. » De plus, il ajoute que cette variété d'alimentation n'étant pas naturelle à l'homme, est par suite nuisible à la santé.

« Et quand bien même je vous prive de la chair, je vous prive seulement de la nourriture des lions et des vautours.» dit-il.
Frappé par de tels arguments, moi aussi j'ai quitté l'usage de la viande des animaux, et, à la fin d'une année, mes nouvelles habitudes m'étaient devenues, non seulement faciles, mais délicieuses ; et même il me semblait que mes capacités intellectuelles devenaient de plus en plus actives.

**SÉNÈQUE**

Songez à la farouche énergie contenue dans toute semence. Vous enfouissez un gland et il en sort un chêne, géant des forêts. Et maintenant, enterrez un gigot de mouton : vous verrez le résultat.

**GEORGE BERNARD SHAW**

La douleur est douleur, qu'elle soit infligée à un homme ou à un animal. Infliger un mal ni mérité ni provoqué n'est qu'injustice et cruauté de la part de celui qui occasionne cette souffrance.

**HENRY STEPHENS**

Nous sommes venu dans ce monde pour apporter de la paix et de la joie pour tous les êtres. Pour atteindre ce but il est nécessaire d'adopter un mode de vie paisible et non violent.

**SWAMI NIRMALANANDA**

Nous savons que Triptolème est le plus ancien législateur des Athéniens. Voici ce qu'en dit Hermippe dans *le second livre des législateurs*. On prétend que Triptolème fit des Lois pour les Athéniens. Les voici : « Respectez vos parents, honorez les Dieux par l'offrande des fruits, ne faites point de mal aux animaux. »
**PORPHYRE**


Les esprits à l'intérieur du corps ont en horreur le sang dont le souffle les blesse, en les contraignant à fuir et en réduisant ainsi la durée de la vie.
**LE TAOÏSME**


Si on pouvait lire l'esprit des animaux, on y trouverait que des vérités.
**A.D. WILLIAMS**


Le véganisme* vaut comme critère de base avec lequel nous pouvons reconnaître si l'homme aspire sérieusement à une perfection morale. La nourriture carnée est un résidu primitif ; le passage à une alimentation végétalienne* est la première manifestation de l'instruction.
**LÉON TOLSTOÏ**


Les animaux ne sont autre chose que les figures de nos vertus et de nos vices, errantes devant nos yeux, les fantômes visibles de nos âmes.
**VICTOR HUGO**

Nous ne savons vraiment rien de l'amour si nous n'aimons pas les animaux.
### FRED WANDER

L'homme a peu de chances de cesser d'être un tortionnaire pour l'homme, tant qu'il continuera à apprendre sur l'animal son métier de bourreau.
### MARGUERITE YOURCENAR

Nous sommes légion, nous autres qui aimons les bêtes. Mais on doit compter aussi ceux qui les exècrent et ceux qui se désintéressent. De là, trois classes : les amis des bêtes, les ennemis, les indifférents.
### ÉMILE ZOLA

Il n'y a dans le monde qu'une seule cruauté, la même pour les hommes et pour les bêtes, pour les idées et pour les choses, pour les dieux et pour les vers de terre. Fuyons donc cette barbarie qui nous avilit.
### ANTONIO ZOZAYA

L'enfant qui sait se pencher sur l'animal souffrant saura un jour tendre la main à son frère.
### ALBERT SCHWEITZER

La cruauté à l'égard des animaux n'est conciliable ni avec une véritable humanité instruite, ni avec une véritable érudition. C'est un des vices les plus

caractéristiques d'un peuple ignoble et brutal.
Aujourd'hui, pratiquement tous les peuples sont plus ou moins barbares envers les animaux.
Il est faux et grotesque de souligner à chaque occasion leur apparent haut degré de civilisation,
alors que chaque jour ils tolèrent avec indifférence les cruautés les plus infâmes perpétrées contre des millions de victimes sans défense.
### ALEXANDER VON HUMBOLDT

L'homme a été créé pour être le prince des animaux, leur guide spirituel. S'il en devient le bourreau et le tortionnaire, tous les malheurs qui s'abattront sur ces bêtes, s'abattront aussi sur les têtes humaines.
### FRANÇOIS BROUSSE

L'Homme dans son arrogance se croit une grande œuvre digne de l'intervention d'un dieu. Il est plus humble et je pense plus vrai de le considérer comme crée à partir des animaux.
### CHARLES DARWIN

Vivez dans chaque saison qui passe, respirez l'air, goûtez au breuvage, mordez le fruit, soumettez-vous aux influences de chaque chose. Que les saisons soient votre fortifiant et vos remèdes. En août, nourrissez-vous de baies et non de viandes sèches et de pemmican. Laissez-vous porter par tous les vents. Ouvrez bien tous vos pores et baignez-vous dans toutes les marées de la Nature, ses cours d'eau, ses océans, en toutes saisons. Buvez le vin que la Nature a tiré pour vous et non celui

que vous avez mis en bouteille ; buvez ce vin qui n'a pas séjourné dans des outres en peau de bouc ou de porc, mais sous la peau de myriades de beaux fruits.
**HENRY DAVID THOREAU**


La présomption est notre maladie naturelle et originelle. La plus calamiteuse et fragile de toutes les créatures, c'est l'homme, et quant et quant, la plus orgueilleuse. Elle se sent et se voit logée ici, parmi la bourbe et le fiente du monde, attachée et clouée à la pire, plus morte et croupie partie de l'univers, au dernier étage du logis et le plus éloigné de la voûte céleste, avec les animaux de la pire condition des trois ; et se va plantant par imagination au-dessus du cercle de la Lune et ramenant le ciel sous ses pieds.
C'est par la vanité de cette même imagination qu'il s'égale à Dieu, qu'il s'attribue les conditions divines, qu'il se trie soi-même et sépare de la presse des autres créatures, taille les parts aux animaux ses confrères et compagnons, et leur distribue telle portion de facultés et de forces que bon lui semble.
Comment connait-il, par l'effort de son intelligence, les branles internes et secrets des animaux ? Par quelle comparaison d'eux à nous conclut-il la bêtise qu'il leur attribue ?
**MONTAIGNE**


Les Pythagoriciens faisaient de la bonté envers les bêtes un entraînement à l'humanité et à la pitié.
**PLUTARQUE**

# XII. Harmonie du Corps et de l'Esprit

La santé est une harmonie triple. Notre plan mental doit chasser le doute par la torche de la certitude intuitive. Notre plan astral doit détruire les passions par le glaive de l'idéal. Notre plan physique doit écarter les maladies par le toucher du végétalisme*. Mais le parfait équilibre corporel ne peut se réaliser que par l'union de ces trois ascèses. Un végétalien* peut être malade s'il pêche contre la pureté ou la vérité.
**FRANÇOIS BROUSSE**


La non-violence commence par ce que l'on mange.
**MAHATMA GANDHI**


Les corps, appesantis par les viandes, sont accablés de maladies ; tandis qu'une vie frugale les rend plus sains, plus robustes et coupe la racine de tous les maux.
**BASILE LE GRAND**


*En parlant des mages perses :*
Les plus parfaits des Mages, ceux qui sont dans la première classe, ne mangent rien d'animé, et ne tuent rien de ce qui a vie. Ils persistent constamment à s'abstenir des animaux, suivant l'ancien usage.
**PORPHYRE**


Une des preuves que le goût de la viande n'est pas naturel à l'homme, est l'indifférence que les enfants ont pour ce mets-là, et la préférence qu'ils donnent tous à des nourritures végétales.
**JEAN JACQUES ROUSSEAU**

La classification des formes, des fonctions organiques et des régimes a montré d'une façon évidente que la nourriture normale de l'humain est végétale comme celle des anthropoïdes et des singes, que nos canines sont moins développées que les leurs, et que nous ne sommes pas destinés à entrer en compétition avec les bêtes sauvages ou les animaux carnivores.

**CHARLES DARWIN**


Il faut donc s'habituer à manger sobrement et simplement, sans rechercher toutes ces viandes délicatement préparées ; la santé trouve dans cette frugalité sa conservation, et l'homme, par ce moyen, devient plus robuste et beaucoup plus propre à toutes les actions de la vie.

**ÉPICURE**


Le régime végétal* ne contribue pas pour peu de chose à la pureté de l'âme.

**JULES MICHELET**


La nourriture carnée est la cause de toutes les corruptions organiques ; son usage incite l'homme vers ses penchants instinctifs et il est l'origine de la laideur et de la difformité des espèces.

**JEAN MAVÉRIC**


Je vis de pain et d'olives, auxquelles je n'ajoute que rarement un légume.

**L'APÔTRE SAINT-PIERRE**

Pythagore, lui, a considéré comme pur tout ce que la terre produit et il en a tiré ses aliments :
c'est en effet ce qui convient à la nourriture du corps et de l'esprit. Il a déclaré que les vêtements tirés des animaux sont impurs, et il s'est habillé de lin : pour la même raison il s'est servi de chaussures faites d'écorces d'arbres.

**PHILOSTRATE D'ATHÈNES**


La nature vous prodigue toutes sortes de biens ! Que de richesses elle fait éclore pour vous ! Quels vignobles à vendanger ! Quelles moissons à recueillir ! De quels fruits délicieux les arbres sont chargés ! Vous pouvez jouir de toutes ces richesses sans jamais souiller vos mains.

**PLUTARQUE**


*En parlant des brahmanes indiens :*
Ceux du Gange ne mangent que des fruits d'automne, dont il y a une très grande quantité près de ce fleuve. La terre y produit continuellement des fruits nouveaux, et beaucoup de riz qui vient tout seul, dont ils font usage. S'il arrive que les fruits leur manquent, ils regardent comme la dernière intempérance, et même comme une impiété d'user d'aucune autre nourriture, et surtout de manger des animaux.

**PORPHYRE**


En aucune façon, l'homme n'a la constitution d'un carnivore. Chasse et voracité ne lui sont pas naturelles. L'homme n'a ni les dents acérées ni les griffes pour tuer

et déchiqueter sa proie. Au contraire, ses mains sont faites pour cueillir des fruits, des baies et des légumes, et ses dents sont appropriées pour les mâcher.
**JOHN RAY**


Dieu a dit: « Si je mangeais, je mangerai du raisin et du pain.»
**PROVERBE ARABE**


Un homme de mon intensité spirituelle ne mange pas de cadavres.
**GEORGE BERNARD SHAW**


Pythagore prétendait que le repas le plus satisfaisant était de ne faire tort à personne, et de ne s'écarter jamais de la Justice. Ceux qui ne veulent point manger des animaux n'ont aucune part aux injustices qui se commettent à l'occasion de cette nourriture.
**PORPHYRE**


La part la plus importante de la pratique du Yoga est d'adopter un régime végétal*.
**SHRI PATTABHI K. JOIS**


Il est nécessaire de se soumettre à certaines règles d'alimentation ; il faut choisir la nourriture qui rend l'âme la plus pure. Si vous allez dans une ménagerie, vous en aurez la preuve immédiate. Voici les éléphants, animaux énormes, mais calmes et doux ; et voici les

lions et les tigres ; vous les trouvez en perpétuel mouvement ; cela vous montre bien les conséquences dues à la différence de nourriture.
### SWAMI VIVEKANANDA


Tant qu'on sera carnivore on sera malheureux. Le corps doit être purifié, car, par l'absorption de nourritures impures, il se dégrade. Ces nourritures impures peuvent le faire tomber, le faire choir et, de ce fait, empêcher précisément que l'esprit puisse se manifester pleinement et intégralement à travers lui. Ces nourritures impures proviennent de la souffrance infligée à l'animal que l'on immole pour notre gourmandise. Pourquoi purifier son alimentation ? Parce que l'animal est un être qui souffre et, par conséquent à chaque fois que nous mangeons des portions de sa chair, nous participons à la souffrance, à l'horreur, à l'épouvante de cet animal.
### FRANÇOIS BROUSSE


Les fruits et les plantes comestibles constituent la nourriture la plus appropriée pour l'humain.
### CARL VON LINNÉ


*En parlant des prêtres crétois :*
Ils croyaient que la nourriture à base de fruits était conforme à la nature ; ce qu'ils ne pensaient pas à l'égard des aliments que nous procurent les animaux morts. Ils étaient persuadés que ce qui était conforme à la nature ne pouvait pas souiller, et que l'on ne pouvait pas tuer les animaux, et séparer leurs âmes de leurs

corps sans se souiller, ni priver de sentiment ce qui est sensible, et en faire un cadavre.

**PORPHYRE**

Il sera considéré comme bienfaiteur de l'humanité celui qui enseignera à l'homme une alimentation plus innocente et plus saine. Il n'y a aucun doute pour moi qu'il entre dans le destin de l'humanité, dans son évolution progressive, de cesser un jour de manger des animaux aussi certainement que les tribus sauvages ont cessé de s'entre-dévorer lorsqu'elles ont été en contact avec des tribus plus civilisées.

**HENRY DAVID THOREAU**

Rien ne pourra être plus bénéfique à la santé humaine ni accroître les chances de survie de la vie sur la Terre, qu'une évolution vers un régime végétal*.

**ALBERT EINSTEIN**

Toute la philosophie antique était orientée sur la simplicité de la vie et enseignait une certaine sobriété. De ce point de vue, le peu de vegan* par philosophie ont fait plus pour l'humanité que tous les philosophes modernes et tant que ces derniers n'auront pas le courage de chercher un mode de vie totalement différent et de l'indiquer comme exemple, ils ne porteront aucun fruit.

**FRIEDRICH NIETZSCHE**

Nous avons appris que nous devrions manger et boire de manière à préserver la compassion dans notre cœur. Nous devons consommer de manière à réduire la souffrance des êtres vivants. Et de cette façon, nous pouvons préserver la compassion dans notre cœur. Une personne qui n'a pas beaucoup de compassion dans son cœur ne peut plus être une personne heureuse. Donc être vegan n'est pas parfait mais aide à réduire la souffrance des animaux. Il y a des films tournés sur la souffrance des animaux. Si vous avez regardez ces films, vous verrez la souffrance des poulets, des vaches... Vous n'aimeriez plus manger de poulets, des œufs, boire du lait ou manger du fromage. Car élever des vaches et élever des poulets à abattre crée beaucoup de souffrances.

**THICH NHAT HANH**

# XIII. De l'Ignorance et de la Violence

Deux choses m'étonnent : l'intelligence des bêtes et la bestialité des Hommes.
### TRISTAN BERNARD

Comme dernière conséquence du meurtre des animaux, le sang humain, abruti, ne peut plus s'élever aux choses intellectuelles.
### JACQUES BÉNIGNE BOSSUET

*Devant un animal épuisé et battu dans la rue :*
Ô, qu'elle est donc la loi formidable qui livre l'être à l'être et la bête effarée à l'homme ivre ?
### VICTOR HUGO

Je pense que la tendance rapidement croissante à considérer les animaux comme nés seulement pour servir d'esclaves à la soi-disant humanité est absolument répugnante.
### SIR VICTOR GOLLANCZ

Quand un homme désire tuer un tigre, il appelle cela sport. Quand un tigre le tue, il appelle cela férocité.
### GEORGE BERNARD SHAW

*Le diable et l'enchanteur :*
Le diable noir et rose, et l'enchanteur Merlin
marchaient tous deux parmi les rayons sibyllins
« Ami » dit le diable en se grattant les cornes « je n'ai
jamais compris pourquoi l'homme est si morne après

avoir mangé le festin de la chair ? »
Et Merlin répondit :
« L'oiseau meurt hors de l'air, le poisson hors de l'eau,
hors du rêve les femmes, et les hommes ne peuvent être
heureux, hors de l'âme.»
**FRANÇOIS BROUSSE**


La chasse est le moyen le plus sûr pour supprimer les
sentiments des hommes envers les créatures qui les
entourent.
**VOLTAIRE**


*A propos des spectacles sanglants comme la corrida :*
On a dit que le peuple romain s'était dégoutté de tout.
C'est une erreur. Il lui resta toujours le goût du sang.
Que de romains dans notre Gaule.
**GEORGE CLÉMENCEAU**


Il est impossible d'établir une différence bien marquée,
au point de vue logique et moral, entre l'habitude de
manger la chair des bêtes et la manière d'agir des
cannibales. Ce n'est que par habitude irréfléchie que
l'on excuse l'une et condamne l'autre.
**CHARLES MÉNARD**


Quand le dernier arbre aura été abattu
Quand la dernière rivière aura été empoisonnée
Quand le dernier poisson aura été pêché
Alors on saura que l'argent ne se mange pas.
**GÉRONIMO**

Dans le meilleur des cas, les hommes ont pitié de quelque chose et ensuite ils mangent l'objet de leur pitié.
### OLIVER GOLDSMITH

Je suis végétalien* et anti-alcoolique : ainsi je peux faire un meilleur usage de mon cerveau.
### THOMAS EDISON

Sans grandeur ni noblesse, le sens de la noblesse animale est trop souvent sacrifié à la bestialité humaine.
### PAUL GUTH

*En parlant de la vivisection :*
Des hommes intellectuels et instruits ont été coupables des plus grands crimes de l'histoire. L'iniquité de la procédure est aggravée par le fait qu'elle a démontré son inutilité.
### WALTER HADWEN

*De ceux qui tuent les animaux innocents :*
Si vous êtes des enfants, vous êtes innocents !
Si vous êtes ignorants, vous êtes innocents !
Mais je vous le dis, si vous n'êtes ni des enfants ni des ignorants, vous êtes des assassins !
### PHÉNIX

L'homme est l'animal le plus cruel.
### FRIEDRICH NIETZSCHE

L'âne songeait, passif sous le fouet, sous la trique
Dans une profondeur où l'homme ne va pas
C'est par la bonté manifestée en épargnant, malgré la difficulté, le crapaud
Mal-intentionnellement placé sur son chemin, que l'âne:
Est plus saint que Socrate et plus grand que Platon
Le grand ignorant, l'âne, à Dieu le grand savant
**VICTOR HUGO**


Je suis absolument contraire aux courses de taureaux, qui sont des spectacles dont la cruauté imbécile est, pour les foules, une éducation de sang et de boue.
**ÉMILE ZOLA**


L'homme vint avant la hache et le feu, il ne pouvait donc pas être omnivore.
**THOMAS HENRY HUXLEY**


Vous-mêmes, vous n'aimez pas souffrir. Alors comment pouvez-vous infliger de la souffrance à d'autres êtres vivants ? Chaque tuerie est un suicide.
**RAMANA MAHARSHI**


C'est un spectacle qui doit faire trembler les lutins de la miséricorde, de voir le glouton impitoyable, qui se promène avec une langue et un couteau, avec sa langue prêchant la paix, la miséricorde et l'amour, et avec son couteau faisant trembler le sang de la terre même.
**J. HOWARD MOORE**

« Et les hommes » nous dit-on.
« Et les êtres humains qui se traînent dans le prolétariat ou dans la misère ! Vous allez donc les négliger pour songer aux bêtes ? Ne faudrait-il pas se préocuper plutôt d'eux ? »
Cette objection nous ai faite, le plus souvent, par ceux qui ne pensent pas plus à l'humanité souffrante qu'à l'animalité. C'est une diversion, c'est l'égoïsme qui se dérobe.

**HENRI LAUTARD**


Les animaux n'ont pas comme l'homme, la prétention d'être le roi des animaux.

**THÉODORE MONOD**


Si l'homme civilisé devait tuer lui-même les animaux qu'il mange, le nombre des végétaliens\* augmenterait de façon astronomique.

**CHRISTIAN MORGENSTERN**


Quel repas monstrueux que d'assouvir sa faim d'animaux encore mugissants, que de se faire apprêter des bêtes qui respiraient, qui parlaient encore, que de prescrire la manière de les cuire, de les assaisonner et de les servir ! C'est de ceux qui commencèrent ces horribles festins, et non de ceux qui les ont enfin quittés, qu'on a lieu de s'étonner.

**PLUTARQUE**

Ce serait outrer les choses que de comparer les plantes aux animaux, car ceux-ci ont du sentiment. Ils sont susceptibles de douleur, de crainte : on peut leur faire tort, et par conséquent commettre de l'injustice à leur égard. Quant aux plantes, elles ne sentent point : ainsi, on ne peut leur faire ni mal, ni tort, ni injustice. On ne peut avoir ni amitié, ni haine pour ce qui n'a point de sentiment.

**PORPHYRE**

*En parlant de la chasse :*
Des hommes de loisir ou de vanité qui cherchent à maintenir les traditions de leurs ancêtres ou à remplir l'oisiveté de leurs heures.

**ÉLISÉE RECLUS**

Il y a quelque chose d'encore plus intolérable dans la souffrance des animaux que dans la souffrance de l'homme. Car pour ce dernier, il est au moins admis que la souffrance est un mal et que celui qui la provoque est un criminel. Mais des milliers de bêtes sont massacrées inutilement, chaque jour, sans l'ombre d'un remords. Qui y ferait allusion se rendrait ridicule. Et cela, c'est le crime irrémissible.

**ROMAIN ROLLAND**

Celui qui n'hésite pas à viviséquer, n'hésitera pas non plus à mentir.

**GEORGE BERNARD SHAW**

Que les partisans de l'alimentation carnée vérifient le bienfondé d'un tel régime, qu'ils déchirent un agneau encore vivant avec leurs dents et plongent leur tête dans ses organes vitaux, se désaltèrant dans le sang fumant. Alors seront-ils en accord avec leurs convictions.
**PERCY SHELLEY**


On affirme souvent que les hommes ont toujours mangé de la viande, comme si c'était une justification pour continuer à le faire. Selon la même logique, nous ne devrions pas chercher à empêcher un homme d'en tuer un autre étant donné que cela aussi a toujours été.
**ISAAC BASHEVIS SINGER**


Si quelqu'un venait à dire que le dieu nous a donné les animaux, au même titre que les récoltes, pour notre usage, je lui répondrai que lorsqu'on sacrifie des êtres vivants on leur cause bien quelque tort puisqu'on leur dérobe l'âme.
**THÉOPHRASTE**


Surveiller sa sauvagerie par son alimentation.
**HENRY DAVID THOREAU**


L'homme est le seul animal qui rougit, ou a besoin de le faire.
**MARK TWAIN**

Nous cessons d'être touchés de l'affreuse mort des bêtes destinées pour notre table. Les enfants qui pleurent la mort du premier poulet qu'ils voient égorger, en rient au second.

**VOLTAIRE**

Lors de l'Assemblée du concil certains « hérétiques » ont été condamnés à mort en raison de leur refus de tuer des poules : c'était contraire à leur philosophie Cathare que de tuer des animaux.

**PAUL VON HOENSBROECK**

Comme la vue d'un taureau sacrifié aux dieux était devenue pour nous un opprobre, nous avons caché le bain de sang quotidien dans des abattoirs lavés à l'eau de l'attention de tous ceux qui se repaissent de morceaux de cadavres d'animaux domestiques préparés pour qu'ils ne soient pas reconnaissables.

**RICHARD WAGNER**

Un jour viendra où l'idée que, pour se nourrir, les hommes du passé élevaient et massacraient des êtres vivants et exposaient complaisamment leur chair en lambeaux dans des vitrines, inspirera sans doute la même répulsion qu'aux voyageurs du XVIe ou du XVIIe siècle, les repas cannibales des sauvages.

**CLAUDE LEVI STRAUSS**

Je suis comme vous, la chasse m'empoisonne
l'automne.
### MARGUERITE YOURCENARD


On prétend que les bêtes n'ont pas de droit ; on se
persuade que notre conduite à leur égard n'importe en
rien à la morale, ou pour parler le langage de cette
morale là, qu'on a pas de devoirs envers les bêtes :
doctrine révoltante, doctrine grossière et barbare.
### ARTHUR SCHOPENHAUER


Einstein a dit qu'il est plus facile de briser un atome
qu'un lieu commun. Qui sera capable de briser le lieu
commun qui nie aux animaux non seulement
l'intelligence, mais aussi la capacité de souffrir ou
d'aimer ? Aucune personne sérieuse ne devrait en
douter. Je suis pleinement convaincu, je veux dire
pleinement, que les animaux ont une conscience. Les
êtres humains ne sont pas les seuls à avoir une vie
intérieure subjective. Peut-être que les humains ont
peur de faire d'autres pas dans cette logique :
reconnaître une vie intérieure chez les animaux, ils
seraient obligés d'être horrifiés par la façon dont ils les
traitent.
### KONRAD LORENZ

# XIV. Du Monde d'Amour Véritable

En ce jour-là, je traiterai pour eux une alliance avec les bêtes des champs, les oiseaux du ciel et les reptiles de la terre, je briserai dans le pays l'arc, l'épée et la guerre, et je les ferai reposer avec sécurité. Je serai ton fiancé pour toujours ; je serai ton fiancé par la justice, la droiture, la grâce et la miséricorde.

**LA BIBLE**

Mon cœur ingénu
Rêve que les hommes
Étaient devenus
Doux comme les pommes
Du ciel d'harmonie
Plus de folles guerres
Plus de tyrannie
Rien que toi lumière
Les peuples s'aimaient
Fraternellement
Sous l'orbe enflammé
Du clair firmament
Une seule aurore
Couvrait les manoirs
Plus de carnivores
Plus de dogme noir
Les bêtes vivaient
En paix avec nous-mêmes
L'histoire écrivait
« Ni chasseur, ni fous ! »

**FRANÇOIS BROUSSE**

Aussi longtemps
Qu'il y aura des êtres
Et aussi longtemps
Que l'espace durera
Puissé-je, moi aussi, demeurer
Pour dissiper la souffrance du monde
### SHANTIDEVA

Une véritable civilisation humaine existera non seulement quand il n'y aura plus de cannibales, mais lorsque toute forme de consommation carnée sera considérée comme du cannibalisme.
### WILHEM BUSCH

Pas de viande sur la planète ronde d'Utopie. Dans le temps, il y en avait. Mais aujourd'hui nous ne supportons plus l'idée d'abattoir. Je me souviens encore de ma joie, alors que j'étais enfant, à la fermeture du dernier abattoir.
### H.G. WELLS

Un jour, l'absurdité de l'esclavage envers les animaux sera palpable. Nous aurons alors découvert notre âme, et nous serons digne de partager la planète avec eux.
### MARTIN LUTHER KING JUNIOR

Alors le loup sera l'hôte de l'agneau, la panthère se couchera près du chevreau ; le taureau et le lion mangeront ensemble, un petit enfant les mènera ; la vache et l'ours fraterniseront, leurs petits gîteront ensemble, le lion comme le bœuf mangeront de la paille. Le nourrisson jouera près du trou de la vipère, dans la caverne de l'aspic, l'enfant sevré mettra la main. Il ne fera ni mal ni dégâts sur toute la montagne sainte. Car le pays sera rempli de la connaissance du Seigneur, comme les eaux recouvrent le fond de la mer.

**LA BIBLE**

Chaque être est une fin. Autrement dit, tout être doit être pris en compte dans la détermination des fins de conduite. C'est le seul résultat cohérent de ce processus éthique en cours d'évolution sur la terre. Ce monde n'a pas été façonné et présenté à une quelconque clique particulière pour son utilisation ou sa jouissance exclusive. La terre appartient, si tant qu'elle appartienne à qui que ce soit, aux êtres qui l'habitent, à tous ceux qui la peuplent. Et quand un être ou un ensemble d'êtres s'auto-proclament fin unique en vue de laquelle l'univers existe, regardent les autres et agissent envers eux comme s'ils étaient de simples moyens pour cette fin, il y a usurpation, et rien d'autre, et il ne peut jamais y avoir rien d'autre, qu'importe la question de savoir qui sont les usurpateurs ou les usurpés.

**J. HOWARD MOORE**

Les bêtes n'ont pas encore de patrie. Alors, est-ce qu'on ne pourrait pas, de nation à nation, commencer par tomber d'accord sur l'amour qu'on doit aux bêtes ? De cet amour universel des bêtes, par dessus les frontières, peut-être en arriverait-on à l'universel amour des hommes. Des animaux internationaux que tous les peuples pourraient aimer et protéger, en qui tous les peuples pourraient communier !

**ÉMILE ZOLA**

# INDEX

## - A -

**ACARANGA SUTRA** - Texte sacré qui fait partie des Agamas jaïn, basé sur les enseignements du 24ème Jina Mahavira. 5ème siècle - 1$^{er}$ siècle av JC............................................................................................ **23**

**ADORNO THÉODOR** - Philosophe, musicologue, psychologue, sociologue et musicien allemand. 1903 – 1969...................................................................... **34**

**AGAKHAN SADRUDDIN** - Diplomate et haut-fonctionnaire franco-suisse. 1933 - 2003 ........................... **36**

**AÏVANHOV OMRAAM MICKHAËL** - Ésotériste français d'origine bulgare. 1900 - 1986 ................... **26, 107**

**AL ADAWIYYA RABIA** - Mystique et poétesse musulmane, figure majeure du soufisme. 713 - 801 ....… **106**

**AL-SAFA IKHWAN** - «Les frères de la pureté» 52 philosophes musulmans. 9Ème -10èmesiècle .................... **21**

**ALAIN (ÉMILE-AUGUSTE CHARTIER)** - Philosophe, journaliste, et pacifiste français 1868 - 1951 ..................................................................... **47, 61**

**AL-BANNA GAMAL** - Théologien et juriste musulman égyptien. 1920 – 2013……............................................ **71**

**AL- MA'ARRI** - Poète et philosophe arabe médiéval. 973 - 1057 ...…………........………......................................... **108**

**ANGELL GEORGE T.** - Homme de loi américain, défenseur des droits humains et animaux 1823 - 1909 .................................................................. 80

**ASHOKA** - Troisième empereur de la dynastie indienne des Maurya. 304 - 232 av JC..................................................... 92

## - B -

**BACON FRANCIS** - Philosophe et Chancelier d'Angleterre. 1561 - 1626 ........................................................... 126

**BASHEER AHMAD MASRI AL-HAFIZ** - Auteur et imam au Royaume Uni. 1914 - 1992 ............................... 127

**BASILE LE GRAND** - Père de l'église, ascète et évêque de Césarée. 329 - 379 .................................................. 144

**BENTHAM JEREMY** - Homme politique, savant et philosophe anglais. 1748 - 1832 .......................... **98, 109**

**BERNARD TRISTAN** - Romancier et auteur dramatique français. 1866 - 1947 .................................................. 152

**BHISHMA** - Divinité hindou qui apparaît dans l'épopée Mahâbhârata
- 3394 - 3138 av JC ........................................ **26, 91, 127**

**BIBLE** - Texte sacré ........... **13, 22, 26, 34, 48, 109, 162, 164**

**BOILEAU NICOLAS** - Artiste, écrivain, poète, traducteur. 1636 - 1711 ............................................................... 53

**BOSSUET JACQUES BENIGNE** - Prélat et écrivain français évêque et précepteur du Dauphin. 1627 - 1704 ......................................................... 152

**BOUDDHA** - Chef spirituel et fondateur du bouddhisme.
-563 - 480 avant JC ...........................**27, 34, 91, 103, 129**

**BRAUN LILIAN JACKSON** - Journaliste et écrivaine américaine. 1913 – 2011...................................... **129**

**BROPHY BRIGID** - Romancière, essayiste et critique britannique. 1929 - 1995 ....................................... **34**

**BROUSSE FRANÇOIS** - Philosophe, auteur, poète et maitre yogi français.
1913 - 1995 ............................................ **18, 27, 30, 48, 71, 75, 92, 107, 111, 121, 126, 129, 136, 141, 144, 148, 153, 162**

**BUBER MARTIN** - Philosophe, conteur et pédagogue israélien et autrichien. 1878 - 1965 ................................... **21**

**BUSCH WILHEM** - Poète et dessinateur allemand (père de la Bande Dessinée). 1832 - 1908 ...................................... **163**

**BUTLER SAMUEL** - Romancier et essayiste britannique. 1835 - 1902 ................................................................. **34**

## - C -

**CARBONIER JEAN** - Juriste et professeur de droit français. 1908 - 2003 ........................................................................ **61**

**CELSE** - Philosophe grec. 2ème siècle après JC ..
................................................................................ **30, 49**

**CHAVEZ ESTRADA CESAR** – Syndicaliste paysan né aux Etats Unis d'origine Mexicaine
1927 - 1993 ......................................................................... **89**

**CHRYSOSTOME JEAN** - Archevêque de Constantinople

et considéré comme Père de l'église.
344-407 après J-C............................................................... 35

**CLÉMENCEAU GEORGE** - Homme d'état français.
1841 - 1929 ........................................................................ 153

**CONDILLAC** - Philosophe français.
1714 - 1780 ........................................................................ 50

**CONFUCIUS** - Philosophe chinois, fondateur du
Confucianisme. 551 à 479 avant J-C ................................. 92

**CORAN** - Texte sacré. 7ème siècle après J-C ..................... 50

**CLAUDEL PAUL** - Dramaturge, poète, essayiste et
diplomate français. 1868 - 1955 .......................................... 62

**CUPPY WILL** - Humoriste et critique littéraire américain.
1884 - 1949 ........................................................................ 62

**CUVIER GEORGE** - Naturaliste français, anatomiste et
géologue, secrétaire de l'Académie des Sciences et chancelier
de l'Université, professeur au Musée National d'Histoire
Naturelle. 1769 - 1832 ........................................................ 49

## - D -

**DARROW CLARENCE** - Avocat américain.
1857 - 1938 ........................................................................ 72

**DARWIN CHARLES** - Naturaliste britannique.
1809 - 1882 ................................................. **50, 59, 93, 141, 145**

**DE BERGERAC CYRANO SAVINIEN** - Poète et libre
penseur français à inspiré largement la pièce de théâtre
d'Edmond Rostand. 1619 - 1655 ........................................ 22

**DE CONDORCET NICOLAS** - Mathématicien et homme politique français des Lumières. 1743 - 1794 ................. **125**

**DE LAFONTAINE JEAN** - Artiste, conteur, dramaturge, écrivain, Fabuliste, Moraliste, Poète. 1621 - 1695 ..... **22, 133**

**DE LAMARTINE ALPHONSE** - Poète et homme politique français. 1790 - 1869 ........................... **36, 81, 88, 104, 130**

**DE MAUPASSANT GUY** - Écrivain français. 1850 - 1893 ............................................................. **36, 81**

**DE MONTHERLANT HENRY** – Romancier, essayiste et dramaturge français. 1895 - 1972 ....................................... **45**

**DEVAL JACQUES** - Dramaturge, scénariste et réalisateur français. 1890 - 1972 ....................................................... **45**

**DE VINCI LEONARD** - Peintre, sculpteur, ingénieur, philosophe, architecte italien. 1452 - 1519 ..... **37, 62, 72, 130**

**DICK GRÉGORY** - Écrivain, humoriste, acteur, activiste des droits civils auprès de Martin Luther King. 1932 - 2017 ........................................................................ **51**

**DICKINSON EMILY** - Poétesse américaine. 1830 - 1886 ............................................................................ **55**

**DIDEROT DENIS** - Ecrivain, philosophe, encyclopédiste français. 1713 - 1784 ............................................. **31, 44, 68**

**DOSTOIOVSKI FIODOR** - Écrivain russe. 1821 - 1881 ................................................... **38, 93, 130**

**DULAURENS HENRI JOSEPH** – Écrivain français. 1719 - 1797 ............................................................................ **38**

## - E -

**EDISON THOMAS** - Ingénieur américain, inventeur de l'ampoule électrique et du cinéma.
1847 - 1931 .................................................................. 154

**EINSTEIN ALBERT** - Physicien allemand Prix Nobel en 1922, père de la Théorie de la Relativité.
1879 - 1955 .................................................................. 149

**EMERSON RALPH W.** - Ecrivain essayiste, philosophe et poète américain. 1803 - 1882 ................................ 38

**EMPÉDOCLE** - Philosophe grec de l'antiquité.
490 - 435 avant JC ............................ **14, 28, 38, 110, 131**

**ÉPICURE** - Philosophe et fondateur de l'épicurisme.
- 342 - 270 avant JC ..................................................... 145

**ÉVANGILE ESSÉNIEN** traduit par SZÉKELY EDMOND BORDEAUX - Érudit hongrois, philosophe, et expérimenta--teur de la vie naturelle. 1905 - 1979 ............................ 14

## - F -

**FABRE JEAN HENRI** - Homme de science, naturaliste, humaniste, entomologiste, poète et écrivain français.
1823 - 1915 .................................................................. 51

**FRANCE ANATOLE** - Écrivain français. 1844 - 1924 ... 96

## - G -

**GANDHI MOHANDAS KARAMCHAND DIT LE MAHATMA** - Philosophe, ascète et homme politique indien.

1869 - 1948 .................................. **72, 94, 111, 131, 144**

**GÉRONIMO** - Indien Apache pour le droit des amérindiens.
1829 - 1909 .................................................. **153**

**GIBRAN KHALIL** - Écrivain, poète et peintre libanais.
1883 - 1931 ..................................................... **39**

**GLEIZES JEAN-ANTOINE** - Écrivain et philosophe
français. 1773 - 1843 ........................................ **81**


**GOLDSMITH OLIVER** - Romancier, poète, dramaturge, et
essayiste anglo-irlandais. 1728 - 1774 ............................ **154**

**GOLLANCZ SIR VICTOR** - Éditeur britannique, socialiste
et actif dans l'humanitaire. 1893 - 1967 ......................... **152**

**GUTH PAUL** - Romancier et essayiste français.
1910 - 1997 ................................................ **154**

## - H -

**HADWEN WALTER** - Docteur, chimiste pharmacien et
écrivain anglais. Il était président de la British Union for the
Abolition of Vivisection.
1854 - 1932 .................................................. **154**

**HERRIOT JAMES** - Vétérinaire et écrivain anglais.
1916 - 1995 ..................................................... **51**

**HERZOG YITZHAK HALEVI** - Premier grand-rabbin de
l'État libre d'Irlande et grand-rabbin ashkénaze de la
Palestine mandataire puis de l'État d'Israël après 1948.
1888 – 1959 .................................................. **131**

**HIRSCH SAMSON RAPHAËL** - Rabbin allemand.
1808 - 1888 .................................................................. **127**

**HOMÈRE** - Poète grec de l'Antiquité.
3ème siècle avant JC ........................................................ **39**

**HORACE** - Poète latin. - 65 - 08 avant JC .................... **111**

**HSUAN HUA** - Moine bouddhiste chino-taïwanais.
1918 - 1980 ................................................................. **29, 40**

**HUGO VICTOR** - Philosophe et poète français, président en 1883 de la lutte anti vivisection.
1802 - 1885 ..................................................................**22, 25, 28, 29, 40, 52, 61, 73, 82, 91, 99, 113, 132, 139, 152, 155**

**HUXLEY THOMAS HENRY** - Biologiste anglais.
1825 - 1895 .................................................................. **155**

## - I -

**INGE WILLIAM** - Dramaturge, scénariste et romancier américain. 1913 - 1973 .................................................. **40**

**INGERSOLL ROBERT GREEN** - Leader politique américain, vétéran de la guerre de sécession et orateur célèbre durant l'âge d'or de la libre pensée aux États-Unis.
1833 - 1899 .................................................................. **73**

## - J -

**JAWA LE SAGE** - Maître bouddhiste. Date inconnue ..................................................................... **74**

**JEAN PAUL II** - Prêtre polonais, évêque, puis archevêque de Cracovie, cardinal, puis pape. 1920 - 2005 ............. **94**

**JORDAN DAVID STARR** - Naturaliste et écrivain
américain. 1851 - 1931 .................................................. 113

## - K -

**KAFKA FRANZ** - Écrivain tchèque d'expression allemande.
1883 - 1924 ......................................................... 132

**KANT EMMANUEL** - Philosophe prussien
1724 - 1804 ................................................... 113, 132

**KHAN MUNI** - Général et homme d'état turc musulman.
1525 - 1575 ............................................................ 55

**KING JR MARTIN LUTHER** - Pasteur, baptiste et
militant non-violent afro-américain pour le mouvement
américain des droits civiques, ferveur militant pour la paix et
contre la pauvreté. 1929 - 1968 ............................. 114, 163

**KOOK ABRAHAM ISAAC** - Grand-rabbin ashkénaze en
Terre d'Israël à l'époque du mandat britannique,
décisionnaire en droit talmudique, kabbaliste et penseur.
1865 - 1935 ......................................................... 133

**KRISHNA** - Divinité hindouiste, avatar de Vishnou.
- 3000 avant JC ....................................................... 53

**KRISHNAMURTI JIDDU** - Philosophe, poëte, libre
penseur Indien. 1895 – 1986 ...................... **44, 68, 77, 89**

## - L -

**LAROUSSE PIERRE** - Écrivain et éditeur français.
1817 – 1875 ............................................................ 54

**LAUTARD HENRI** - Écrivain français de la fin du XIXème

siècle ................................................................... 156

**LEVI STRAUSS CLAUDE** - Anthropologue et ethnologue français. 1908 - 2009 ............................................ **83, 159**

**LOIS DE NOÉ OU LES 7 LOIS NOAHIDES** - Texte sacré "Talmud de Babylone" ........................................... 132

**LINCOLN ABRAHAM** - Homme d'état américain.
1809 - 1865 ................................................................. 133

**LOI DE MANU** - Traité de loi de tradition hindou du dharma. 1er siècle après JC ................................... 114

**LORENZ KONRAD** Zoologiste et éthologiste autrichien, Prix Nobel de médecine 1903 - 1989 ........................ 160

## - M -

**MAETERLINCK MAURICE** - Écrivain francophone belge. Prix Prix Nobel de littérature.
1862 - 1949 ................................................................. 75

**MAHÂBHÂRATA** – Livre Sacré de l'Inde, épopée sanskrite de la mythologie hindoue, considéré comme le poème le plus long jamais composé.
Composé entre - 300 avant JC et 300 après JC ................. 95

**MAHARSHI RAMANA** - Jnanien yogi et guru indien de l'Advaita Vedanta. 1879 - 1950 ................................ 155

**MAHOMET** - Chef religieux, politique et militaire arabe. Fondateur de l'islam.
570 - 632 ................................................ **27, 64, 95, 114**

**MANDEVILLE BERNARD** - Écrivain néerlandaisbritannique. 1626 - 1733 .................................................... **63**

**MAVÉRIC JEAN** - Auteur, astrologue et spécialiste d'ésotérisme.
Entre le 19ème et le 20ème siècles ..................... **83, 145**

**MÉNARD CHARLES** - Philosophe français.
1861 - 1892 ........................................................... **87, 153**

**MÈRE THERESA** - Religieuse catholique albanaise naturalisée indienne. 1910 - 1997 ........................ **96**

**MESLIER JEAN** - Philosophe des lumières français.
1664 - 1729 ................................................ **44, 132**

**MICHELET JULES** - Historien et philosophe français.
1798 - 1874 ........................................ **13, 39, 54, 145**

**MICHEL LOUISE** - Écrivaine anarchiste révolutionnaire.
1830 - 1905 .................................... **28, 54, 94, 114**

**MONOD THÉODORE** - Scientifique, naturaliste, biologiste, érudit et humaniste français.
1902 - 2000 .................... **41, 96, 115, 128, 134, 156**

**MONOD WILFRED** - Pasteur et théologien réformé français. 1867 - 1943 ............................................. **63**

**MONTAIGNE MICHEL** - Écrivain français.
1533 - 1592 ............................ **31, 41, 54, 59, 89, 142**

**MOORE J.HOWARD** - Zoologiste, philosophe, éducateur et socialiste américain. 1862 - 1916 ............... **116, 155, 164**

**MORGENSTERN CHRISTIAN** - Auteur et poète allemand. 1871 - 1914 ......................................... **156**

## - N -

**NAIMY MIKHAIL** - Écrivain et poète libanais.
1889 - 1988 .................................................................... 117

**NIETZSCHE FRIEDRICH** - Philosophe, critique culturel, compositeur, poète, écrivain, et philologue allemand.
1844 - 1900 ......................................... 83, 149, 154

## - O -

**ORPHÉE** - Héros de la mythologie grecque, poète, musicien, et prophète qui a inspiré le mouvement religieux «orphique». Environ – 600 avant JC .................................. 55

**OVIDE** - Poète latin.
-43 avant JC - 18 après JC ..................... 42, 64, 76

## - P -

**PAINE THOMAS** - Intellectuel, pamphlétaire, révolutionnaire britannique, américain et français.
1737 - 1809 ...................................................... 117

**PALLADE D'HÉLÉNOPOLIS** - Ecclésiastique, écrivain religieux chrétien, évêque d'Hélénopolis.
363 - 431 ................................................... 74, 117

**PAPUS** - Médecin et occultiste français, savant et expérimentateur. 1865 - 1916 ................................ 68

**PHÉNIX** – Auteur inconnu ............................... 53, 73, 85, 99, 102, 121, 127, 135, 154

**PHILOSTRATE D'ATHÈNES** - Orateur et biographe romain de langue grecque. 170 - 245 ......................... 146

**PIE XII** - Pape représentant de l'église catholique
1876 - 1958 ............................................................................. **97**

**PITMAN SIR ISAAC** - Inventeur de la sténographie
anglaise. 1813 – 1897 …........…….................................. **117**

**PLATON** - Philosophe de l'Antiquité, disciple de Socrate.
-427 -347 avant JC ........................................................ **18, 84**

**PLUTARQUE** - Philosophe grec de l'Antiquité.
50 - 125 après JC .................................................................. **17,
27, 35, 42, 64, 76, 85, 95, 116, 125, 134, 135, 142, 146, 156**

**PORPHYRE** – Philosophe grec de l'Antiquité
233 - 305 après JC ............................................................. **13,
16, 19, 23, 37, 47, 51, 55, 59, 62, 66, 71, 74, 76, 80, 82, 85,
97, 107, 110, 113, 115, 117, 120, 121, 122, 128, 131, 139,
144, 146, 147, 149, 157**

**PRABHUPADA SRILA** - Sanyasi vaisnava de la tradition
Brahma Gaudiya Sampradaya, père des «Hare Krishna».
1896 - 1977 .................................................................... **25, 118**

**PRÉVERT JACQUES** - Poète et scénariste français.
1900 - 1977 ………………..................................................... **118**

**PRIMATT HUMPHREY** - Pasteur anglais et écrivain des
droits des animaux. 1744 - 1776 ....…................................ **119**

**PROVERBE ARABE** ...................................................... **147**

**PROVERBE HINDOU** ..................................................... **86**

**PROVERBE PÉRUVIEN** .................................................. **98**

**PROVERBE RASTAFARAI** .......................................... **135**

**PYTHAGORE** - Mathématicien, philosophe et astronome de l'Antiquité. 569 - 494 avant JC ........................................ **28, 35, 37, 43, 61, 67, 72, 77, 86, 98, 107, 119**

## - R -

**RAY JOHN** - Botaniste et naturaliste anglais. 1627 - 1705 ................................................................ **77, 147**

**RECLUS ÉLISÉE** - Géographe et militant anarchiste français. 1830 - 1905 ........................................................ **28, 37, 41, 43, 48, 52, 59, 64, 74, 89, 98, 106, 110, 118, 122, 157**

**RICHTER JEAN PAUL FRIEDRICH** - Écrivain allemand. 1763 - 1825 ................................................... **72**

**ROLLAND ROMAIN** - Poète français, prix Nobel de la littérature. 1866 - 1944 ................................................ **42, 157**

**ROSEGGER PETER** - Écrivain autrichien, philosophe et visionnaire. 1843 - 1918 ................................................ **55**

**ROUSSEAU JEAN JACQUES** - Écrivain, philosophe et poète français. 1712 - 1778 ................ **36, 43, 56, 65, 99, 144**

## - S -

**SAINT-AUGUSTIN ou AUGUSTIN D'HIPPONE** - Philosophe et théologien chrétien romain d'origine kabyle, berbère, père de l'église occidentale. 354 - 430 ................................................................................ **65**

**SAINT-FRANÇOIS D'ASSISE** - Religieux catholique italien, diacre, mystique, et fondateur de l'ordre des Frères mineurs. 1181 - 1226 .................................................. **80, 93, 99**

**SAINT-JÉROME DE BETHLÉEM** - Père de l'Église.
331 - 420 ............................................................................ **14**

**SAINT-PIERRE L'APÔTRE** - Juif de Galilée et disciple de Jésus de Nazareth. Ier siècle pendant JC ................ **135, 145**

**SAND GEORGE** - Écrivain français. 1804 - 1876 ......... **136**

**SAPA HEHAKA** – Dit «Wapiti noir», Docteur et homme sacré de la tribut des indiens Lakotas (les Sioux).
1863 - 1950 .................................................................... **16**

**SAUVY ALFRED** - Économiste, démographe et sociologue français. 1898 - 1990 ............................................................... **29**

**SCHOPENHAUER ARTHUR** - Philosophe allemand.
1788 - 1869 ........................ **56, 65, 76, 100, 119, 135, 160**

**SCHWANTJE MAGNUS** - Auteur, pacifiste, activiste allemand pour le droit des animaux 1877 - 1959 ............. **119**

**SCHWEITZER ALBERT** - Médecin missionnaire, philosophe et théologien alsacien. Prix Nobel de la Paix.
1875 - 1965 ............................. **66, 91, 99, 118, 128, 136, 140**

**SEATTLE** - Chef indien. 1786 - 1866 ................................ **32**

**SELLIER HENRI** - Homme politique français.
1883 - 1943 ................................................................... **56**

**SÉNÈQUE** - Philosophe, homme politique, écrivain romain. - 8 avant JC - 65 après JC ............................................. **138**

**SHANTIDEVA** - Philosophe indien et moins bouddhiste.

685 - 723 .................................................... 3, 104, 163

**SHAW GEORGE BERNARD** - Écrivain Irlandais, Prix Nobel de Littérature.
1856 - 1950 ............ **38, 42, 56, 100, 119, 138, 147, 152, 157**

**SHELLEY MARY** - Romancière, dramaturge, essayiste.
1797 - 1851 ......................................................... **137**

**SHELLEY PERCY BYSSHE** - Poète anglais.
1792 - 1822 .............................................**67, 87, 137, 158**

**SHRI PATTABHI K. JOIS** - Enseignant de Yoga indien.
1915 - 2009 ......................................................... **147**

**SIDGWICK HENRY** - Philosophe anglais.
1838 - 1900 ........................................................... **56**

**SINGER ISAAC BASHEVIS** - Écrivain polonais, naturalisé américain, prix Nobel de littérature.
1902 - 1991 ............... **57, 67, 100, 108, 115, 120, 137, 158**

**SOLJENITSYNE ALEXANDRE** - Écrivain russe.
1918 - 2008 ......................................................... **100**

**SOO CHEE** - Philosophe Taoïste
1919 - 1994 ...................................................... **57, 87**

**STEINBECK JOHN** – Romancier Américain, prix Nobel de Littérature.
1902 - 1968 ........................................................... **59**

**STEPHENS HENRY** - Réformateur anglais ami de Gandhi. Météorologue et auteur agricole.
1795 - 1874 ......................................................... **138**

**STEVENS SELL HENRY SHAKESPEAR** - Écrivain, enseignant, réformateur social. 1851 - 1939 ............... **122**

**SWAMI NIRMALANANDA** - Mystique indien du 19ème siècle et disciple de Ramakrishna. 1863 - 1938 ............... **138**

**SWAMI VIVEKANANDA** - Philosophe et maître spirituel bengali, a inspiré le mouvement pour l'indépendance de l'Inde. 1863 - 1902 .................................................. **148**

## - T -

**TAINE HIPPOLYTE** - Philosophe et historien français. 1828 - 1893 ............................................................ **57, 69**

**TAGORE RABINDRANATH THAKUR** - Écrivain indien, prix Nobel de Littérature. 1861 - 1941 ............................ **100**

**TAOÏSME** - «Enseignement de la voie.» Un des trois piliers de la pensée chinoise avec le confucianisme et le bouddhisme. Environ - 200 avant JC ...................... **101, 139**

**THÉOPHRASTE** - Philosophe grec, élève d'Aristote. 372 -287 avant JC ............................................. **58, 134, 158**

**THICH NHAT HANH** - Moine bouddhiste vietnamien militant pour la paix 1926 - 2022 .................................... **150**

**THIRUVALLUVAR** - Grand poète et philosophe indien. Avant JC ............................................................ **101**

**THOREAU HENRY DAVID** - Écrivain américain. 1817 - 1862 ................................................ **58, 142, 149, 158**

**TOLSTOÏ LÉON** - Philosophe et poète russe. 1828 - 1910 .................... **29, 58, 78, 92, 101, 120, 126, 139**

**TRYON THOMAS** - Ecrivain anglais. 1634 - 1703 ......... **23**

**TWAIN MARK** - Écrivain, essayiste, et humoriste américain. 1835 - 1910 ......... **158**

## - V -

**VERNE JULES** - Écrivain français. 1828 - 1905 ........... **19**

**VOLTAIRE** - Écrivain et philosophe français. 1697 - 1778 ......... **23, 30, 43, 48, 53, 57, 65, 71, 78, 82, 88, 101, 121, 153, 159**

**VON GOETHE JOHANN WOLFGANG** – Romancier, dramaturge, poète, scientifique, théoricien de l'art et homme d'État allemand. 1749 - 1832 ......... **57**

**VON HOENSBROECK PAUL** - Écrivain et politicien allemand. 1852 - 1923 ......... **159**

**VON LINNÉ CARL** - Naturaliste suédois qui a fondé les bases du système moderne de la nomenclature binominale. 1707 - 1778 ......... **148**

**VON HUMBOLDT ALEXANDER** - Naturaliste, explorateur et géographe allemand. Considéré comme étant le fondateur de la Climatologie et de la Biogéographie. 1769 - 1859 ......... **58, 87, 141**

**VON UNRUB FRITZ** - Dramaturge, poète et romancier allemand. 1885 - 1970 ......... **101**

## - W -

**WAGNER RICHARD** - Compositeur allemand.

1813 - 1883 .................................................... **78, 102, 159**

**WANDER FRED** - Écrivain autrichien et survivant du holocauste. 1917 - 2006 ................................................ **140**

**WELLS H.G.** - Écrivain britannique. 1866 - 1946 ......... **163**

**WILCOX ELLA WHEELER** - Auteur et poète américaine. 1850 - 1919 ........................................................... **102**

**WILDE OSCAR** - Écrivain, romancier, dramaturge, et poète irlandais. 1854 - 1900 ............................................... **102**

**WILLIAMS A. D.** - Philosophe gallois du siècle des Lumières. 1738 - 1816 ............................................. **139**

- Y -

**YOURCENAR MARGUERITE** - Écrivaine, femme de lettres, nationalités française et américaine. Première femme élue à l'Académie Française en 1980.
1903 - 1987 .................................. **45, 68, 103, 123, 140, 160**

- Z -

**ZOLA ÉMILE** - Écrivain, journaliste et fondateur du mouvement naturaliste français.
1840 - 1902 ........................................................... **43, 97, 103, 108, 111, 123, 140, 155, 165**

**ZOROASTRISME** - Religion qui tire son nom de son prophète et fondateur nommé Zoroastre ou Zarathoustra, né au nord-est de l'Iran -2000 avant JC ............................. **120**

**ZOZAYA ANTONIO** - Écrivain et avocat espagnol.
1859 - 1943 ................................................... **44, 140**

# APRÈS-PROPOS

**Savez-vous qu'il n'est pas nécessaire de manger de la viande, du lait, et des oeufs d'innocents pour être en bonne santé ? Savez-vous qu'il n'est pas nécessaire d'exploiter et de tuer les autres animaux pour vivre sa vie humble et honorable d'homme et de femme sur Terre ?**
Prenez le temps en vous même...
**Êtes-vous véritablement contre la cruauté faite aux animaux ?** Connaissez-vous toute la réalité de l'élevage des innocents, l'enfer des abattoirs, l'immonde chasse-loisir, la violence décomplexée de la corrida, la folle expérimentation d'innocents, toutes les formes d'exploitations et de dominations non nécessaires faites contre les autres animaux ? etc...
**Alors si vous êtes contre la cruauté, comme vous vous l'êtes normalement dit en vous même : qu'est-ce qui pourrait bien justifier que vous participiez encore au massacre des autres animaux alors que ce n'est aucunement une nécessité vitale et que c'est cruel du point de vue des victimes comme de votre morale ?**

Si comme moi et toujours de plus en plus d'autres dans le monde, vous vous êtes rendus compte de ce conditionnement puissant, de votre ignorance volontaire et qu'il n'y avait bien aucune justification valable, aucune excuse acceptable pour continuer de participer au massacre de plus de 3 milliards d'animaux tués sans nécessité tous les jours dans le monde, alors

**il est grand temps de vous montrer, de joindre votre parole à vos actes, de poursuivre ou de commencer le combat de compassion et de justice pour tous les innocents.**

Rappelez-vous que vous n'êtes pas seul, que d'autres ont marché avant vous dans cette direction, et qu'il est de notre devoir pour les victimes de nous unir et de résister.

Rappelez-vous également que **tout au long de l'histoire de l'Humanité des hommes et des femmes ordinaires et de tout horizon se sont élevés contre la cruauté et pour les victimes innocentes.**

# NOTES

Je tiens à préciser que je ne suis pas d'accord avec l'entièreté de la pensée de ces grands auteurs et autrices et qu'ils sont à placer dans leur contexte spécifique de l'histoire. Il est important de garder son libre arbitre, de rester alerte en travaillant son discernement, en contextualisant dans l'espace et le temps et en mettant à jour régulièrement ses connaissances scientifiques comme philosophiques.

Pour l'astérix * , j'ai volontairement changé le mot « *végétarisme* » (= alimentation qui exploite et tue encore les animaux sans nécessité) par les mots « *végétalisme"* ou « *végétal* » (= alimentation qui n'exploite et ne tue plus les animaux sans nécessité), car je suis intimement persuadé qu'à notre époque, les auteurs/autrices de ces citations après une discussion de coeur à coeur authentique, une mise à jour concrète de leurs informations, seraient à minima **Vegan, c'est à dire qu'ils-elles ne participeraient plus à l'exploitation, l'asservissement, et la mort sans nécessité des autres animaux pour des excuses inconsistantes, égoistes et violentes telles que le plaisir gustatif, la tradition, l'habitude ou la commodité.** Vu leur engagement pour la compassion et la justice, leur alimentation serait alignée avec leur éthique comme leur positionnement politique et serait donc de fait végétale.

Pour aller plus loin et prendre le temps de clarifier d'avantage, nous verrons également dans un prochain ouvrage ce qu'il en est plus précisément pour toutes ces définitions, tous ces concepts, leurs évolutions et leur réalité du point de vue des victimes.

## REMERCIEMENTS

Ce livre est dédié aux plus de 3 milliards d'Animaux tués quotidiennement sans nécessité dans le monde et est un souvenir de tout ceux qu'ils l'ont été sans nécessité par le passé.

Je remercie de tout mon coeur et de tout mon esprit, tous ceux et toutes celles qui patiemment ont oeuvrés, oeuvrent présentement et qui oeuvreront à leur tour pour la libération définitive des Animaux.

**Le droit des Innocents est un et indivisible**

*..Prenez soin de vous et de tous les êtres..*